Hiperpaternidad

TANT DE BO GAUDEIXIS AQUESTES PÀGINES. EN PRINCIPI
ERA PER A MI, PERO T'HO REGALO AMB L'ÚNICA CONDICIÓ
QUE QUAN T'HO ACABIS ME'L CEDEIXIS UNS DIES
PER FER-LI UNA ULLADA (NO COM L'ALTRE "D'EDUCAR
SENSE CRIDAR" QUE HO TENS "BAJO LLAVE" I NO
ME'L VOLS DEIXAR !!)

PETÓ BEN FORT ☺
ALEX

EDIMBURG, 04 DE JULIOL DEL 2017

Hiperpaternidad

Del modelo mueble
al modelo altar

Eva Millet

Primera edición en esta colección: enero de 2016
Tercera edición: febrero de 2017

© Eva Millet, 2015
© de la presente edición: Plataforma Editorial, 2015

Plataforma Editorial
c/ Muntaner, 269, entlo. 1ª – 08021 Barcelona
Tel.: (+34) 93 494 79 99 – Fax: (+34) 93 419 23 14
www.plataformaeditorial.com
info@plataformaeditorial.com

Depósito legal: B. 28.744-2015
ISBN: 978-84-16620-03-6
IBIC: VS

Printed in Spain – Impreso en España

Diseño de cubierta y fotocomposición:
Grafime

El papel que se ha utilizado para imprimir este libro proviene
de explotaciones forestales controladas, donde se respetan
los valores ecológicos, sociales y el desarrollo sostenible del bosque.

Impresión:
Liberdúplex
Sant Llorenç d'Hortons (Barcelona)

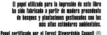

Índice |

Índice

Introducción
Del modelo «mueble» al modelo «altar»

Hubo un tiempo no muy lejano en el que a los niños no se les hacía demasiado caso. Sin ir muy lejos, cuando un nieto o una nieta se ponían pesaditos, la abuela de quien esto escribe recomendaba actuar ante ellos «como si fueran muebles»: una mesa, una silla, un armario, una cómoda... Ignorarlos hasta que se les pasara la rabieta o dejaran de dar la lata. El «Ya encontrarás algo para hacer» era asimismo otra respuesta habitual al clásico «Me aburro». Se consideraba que el distraerse era tarea de los niños, no de los padres, y que uno era capaz de hacerlo solo.

El escritor inglés D. H. Lawrence (1885-1930) también creía que no hacer mucho caso a los críos era lo más conveniente para su bienestar. Sus tres reglas para empezar a educarlos («Dejarlos en paz, dejarlos en paz y dejarlos en paz») lo atestiguan. Se trata de una faceta de la respetada educación inglesa, que ha tenido como una de sus bases un cierto desapego de los hijos (no en vano son los inventores de las *nannies* y de los internados). También lo era el no comentar en público las virtudes de un retoño, lo que se consideraba totalmente inadecuado. Algo similar, aunque pasado por el tamiz más cálido del Mediterráneo, sucedía aquí: si en una reunión social alguien preguntaba por los niños, estos estaban «bien» o «muy bien» y punto. Y hasta no hace mucho, los niños tenían tardes libres y agendas con espacios en blanco y con un vago «Id a jugar por ahí» se resolvían muchos sábados y domingos.

«La frase de "hacer como si fueran muebles" era habitual durante mi infancia –recuerda Antonio, un barcelonés de sesenta y seis años, abuelo de seis nietos–. Y cuando mis hermanos y yo tuvimos hijos pequeños, la utilizábamos de vez en cuando... En vez de mimarlos y consentirlos, como se hace ahora, se optaba por no hacerles tanto caso a los niños. Que se distrajesen solos. No iba tan mal: considero que ahora se les presta demasiada atención».

Con estos tres párrafos empezaba un artículo mío, publicado en el diario *La Vanguardia*,[1] en el que quise abordar un tema que desde hacía tiempo me fascinaba: la excesiva atención que, en el siglo XXI, los padres le prestan a los niños en los países desarrollados. El Antonio citado es mi tío, criado en una familia de siete hermanos –todos con una fuerte personalidad–, en una época en la que lo importante para los padres era que crecieran sin padecer demasiadas enfermedades, se alimentaran bien y alcanzaran la mayoría de edad sanos y salvos, y, a ser posible, con el bachillerato terminado.

1. Millet, Eva (2013). «Haga menos caso a sus hijos», *La Vanguardia, ES*, 18 de mayo.

Era una crianza sin extraescolares, ni clases de refuerzo ni tampoco experiencias «mágicas» junto a los padres. Ni con constantes preguntas a los hijos para saber qué querían hacer, qué les gustaba y qué no: no puedo imaginarme a mi abuela preguntándole a uno de sus siete hijos: «¿Quieres irte a la cama?» o «¿Qué te apetece para cenar?»; ese tipo de cosas que se preguntan a los hijos ahora. En aquellos tiempos, además, la autoridad de los progenitores y de los maestros era casi incuestionable, otro aspecto que ha cambiado notablemente, para lo bueno y para lo malo.

Era, en definitiva, otra época. Hoy, gracias a Fleming, a las vacunas y a la cobertura sanitaria universal, el tema de la salud se ha superado. Salvo algunas excepciones, en el siglo XXI criar hijos sanos no debería ser un problema. Asimismo, los métodos anticonceptivos han repercutido en familias más reducidas y, en principio, más fáciles de gestionar, tanto en el tiempo y en los recursos económicos como emocionalmente. Los padres, por su parte, están cada vez más implicados en la crianza de sus hijos, y no se cortan a la hora de cambiar pañales, acompañarlos al cole e involucrarse en su día a día.

Todo ello podría haber resultado en núcleos familiares más tranquilos y felices, en los que lo principal no es que los hijos sobrevivan, sino que estudien, jueguen, crezcan y se desarrollen como personas decentes. Sin embargo, esto no es así. En el siglo XXI, los padres y las madres quieren otras cosas para sus hijos. Muchas otras cosas, y ello provoca grandes dosis de estrés. En especial en esas familias de clases medias y medias-altas que practican o viven un nuevo modelo de educación, conocido como la «hiperpaternidad»: un tipo de crianza que consiste en estar encima del niño o la niña constantemente, atendiendo o anticipando cada uno de sus deseos, estructurándoles sus jornadas (ocio incluido) y solucionándoles cada problema que les surja.

Este modelo de paternidad se origina, como tantas otras cosas, en Estados Unidos. Y, como la Coca-Cola, los productos Apple y la fiesta de Halloween, ha llegado hasta aquí con una pasmosa naturalidad. Así, en unos pocos años, la crianza de los niños en esta parte del Mediterráneo ha evolucionado del modelo «mueble» –por el que abogaba mi abuela en momentos de crisis– al modelo «altar». En miles de hogares contemporáneos, los niños se han convertido en el centro de la familia, en el astro rey alrededor del cual orbitan los progenitores, dispuestos a ejercer, con la mejor de las intenciones, de hiperpadres, superpadres o ultrapadres. Padres y madres cuya misión es darles lo máximo posible a su prole, cueste lo que cueste: los mejores colegios, las mejores extraescolares, el mayor número de experiencias, los últimos *gadgets*, juguetes, viajes, espectáculos, actividades lúdicas y entretenimientos varios. El objetivo: que estén sobradamente preparados para un futuro que, dada la inversión de tiempo, dinero y esfuerzo, tiene que ser por fuerza brillante.

La hiperpaternidad tiene distintas formas y grados, aunque el fondo (los hijos como el eje sobre el que giran las vidas de sus progenitores) es el mismo. Encontraríamos figuras pioneras, como la de los padres-helicóptero: aquellos que sobrevuelan sin descanso la existencia de sus retoños desde el momento de su nacimiento. Este modelo tiene diversos nombres, en función de su localización geográfica o de las costumbres locales. Por ejemplo, a los también estadounidenses padres-apisonadora (quienes allanan los caminos de los hijos para que estos no se topen con ninguna dificultad), se los conoce como «padres-quitanieves» en los fríos países del norte de Europa y en Canadá. Los padres-chófer (que pasan los días llevando a sus hijos de extraescolar en extraescolar) son universales, pero abundan en los barrios más pudientes de las ciudades y suelen ser mujeres, normalmente al volante de gigantescos todoterrenos dentro de los cuales los niños parecen diminutos. Los padres ultrasufridores, cuya función es evitar cualquier posible accidente de sus retoños (por lo que algo que antes era natural para un niño, como subirse a un árbol, ahora les resulta impensable), son asimismo un modelo global, aunque abundan en la franja Mediterránea. En especial, en su vertiente «Hijo, ponte la chaqueta que puede venir un golpe de aire y puedes resfriarte». Y son genuinamente españoles los padres-bocadillo: esos progenitores que persiguen a sus hijos o hijas en el parque con la merienda en la mano o, si son menos activos, se limitan a ser su paciente sombra. Todos los hemos visto: se quedan de pie, cerca del niño o niña, bocadillo en mano, a la espera de que se digne darle un mordisco.

La hiperpaternidad puede llegar a ser agotadora para los hijos, porque en general implica agendas frenéticas y muchas exigencias a nivel académico y social. Pero también lo es para los padres y, en especial, para las madres, porque suelen ser ellas quienes cargan con el peso: los llevan de una actividad a otra, hablan con frecuencia con sus maestros (y, si fuera necesario, llegan al enfrentamiento), supervisan sus deberes y, a menudo, los hacen con ellos (o, directamente, se los hacen).

Además recogen sus cuartos, preparan su ropa y sus mochilas, meriendas, cenas y desayunos y ponen y quitan mesas (porque los niños van tan cansados y son tan *especiales* que no tienen tiempo para este tipo de tareas). Y, por supuesto, planifican sus agendas, sus escasos ratos de ocio e, incluso, sus amistades, interviniendo ante el menor conflicto.

La hiperpaternidad es un verdadero trajín que puede durar muchos años y que, en opinión de los expertos, puede tener consecuencias muy negativas. Para empezar, coarta en los hijos algo tan vital en la vida como es la adquisición de la autonomía. «Este tipo de crianza, basada en llevar a los hijos siempre entre algodones y resolverles como norma sus problemas, lo que hace es inutilizarlos tanto a nivel emocional como para cosas pragmáticas», asegura Maribel Martínez. Esta psicóloga, experta en temas de educación, advierte también que con tanto control y seguimiento «el mensaje que acabamos dándoles a los hijos es: "Me pongo aquí contigo, sistemáticamente, a hacer los deberes o a organizar tus tareas, por ejemplo, porque tú solo no puedes". Entre líneas, se les está diciendo que no son capaces». Así, la hiperpaternidad produce niños dependientes, que se sienten «incapaces —insiste Martínez—, con todo lo que esta sensación conlleva. Además –añade–, tener a alguien que no permite que te equivoques (porque ya están mamá o papá para solucionarte los problemas) impide aprender a partir de los errores cometidos, algo clave en el desarrollo personal».

La psicóloga estadounidense Madeline Levine, una de las expertas en padres-helicóptero, pionera en el análisis de este fenómeno, alerta asimismo del peligro de producir niños con un sentido agudizado de «tener derecho a todo», aunque no hayan movido un dedo para ello. Estos «derechos adquiridos –explica Levine en su libro *Teach your children well*–[2] no dejan de ser lógicos si desde que nacieron les has transmitido a tus hijos que la Luna y las estrellas giran alrededor suyo». El narcisismo, la autocomplacencia excesiva, es otra de las consecuencias de esta atención desmedida hacia la prole.

Levine lleva treinta años tratando a adolescentes en una de las zonas más ricas de San Francisco y está cansada de oír en su consulta a chicos y chicas que, objetivamente, lo tienen todo, pero que se sienten frustrados e infelices. Chicos y chicas que instan a sus padres, que han revoloteado a su alrededor desde que nacieron, «a tener una vida» fuera de la suya.

Los niños de entornos privilegiados, de los que siempre se ha asumido que han sido protegidos por los recursos y las oportunida-

---

2. Levine, Madeline (2012). *Teach your children well: Parenting for authentic success*, Nueva York, Harper Perennial.

des de sus familias, están experimentando depresión, trastornos de ansiedad, trastornos psicosomáticos y abuso de estupefacientes a niveles más altos que los de familias socioeconómicamente menos favorecidas, que tradicionalmente se han considerado en un mayor riesgo.

A Levine la experiencia le ha enseñado que el modelo de crianza basado en una constante atención y grandes expectativas por lo que los hijos hacen, estudian, llevan, tienen o logran, no funciona. Alerta sobre familias muy estresadas debido a la preocupación por el brillantísimo futuro que sus retoños han de tener. Familias con niños permanentemente cansados, que recurren a los estimulantes para paliar la casi crónica falta de sueño –una grave consecuencia de agendas sin espacios en blanco–. Familias en las que el rendimiento de los hijos se antepone a la vida en pareja y en las que prácticamente se han acabado esas tardes perezosas o de actividades sencillas, *en familia*, como salir a dar un paseo… Levine lamenta que este estrés lo vivan, sobre todo, las madres: «Ser madre es un trabajo lo suficientemente duro como para que se le añada una presión prematura, en forma de preocupación, sobre a qué universidad va a ir el recién nacido». O el trabajo que implica coordinar un horario de actividades centradas en los niños, «que supondría un reto para el director de animación de un crucero». Sin olvidar la sensación de culpa por no estar haciendo lo suficiente por los hijos, que se ve auspiciada por un ambiente de fuerte competencia entre padres.

Por todo ello, esta experta concluye que el trabajo más importante que tenemos los padres, esto es, proveer a nuestros hijos de un ambiente tranquilo, seguro y afectuoso a medida que se enfrentan al reto de crecer, «se ha visto comprometido de forma profunda».

En su superventas *You are not special*,[3] el profesor David McCullough habla de chicos y chicas «con una inflada noción de sí mismos», que no dicen sentirse superiores porque no es políticamente correcto, pero sí se consideran, sencillamente, «especiales». Al fin y al cabo, llevan toda su vida escuchando de boca de sus padres lo especiales que son.

McCullough, profesor de lengua inglesa, se convirtió en héroe por un día en Estados Unidos después de pronunciar el discurso de fin de curso en la escuela bostoniana en la que trabaja. En él cuestionó con un gran *savoir-faire* a esos padres «bienintencionados», pero que sobrevuelan y dirigen las vidas de sus hijos sin descanso, presionándolos para que sean excepcionales, pero a la vez allanándoles el camino para ello. Tanta presión, conjugada con tanta intervención, hace que los estudiantes tengan terror al fracaso y pierdan la oportunidad de cometer errores y aprender de ellos y, en consecuencia, «se pierdan la oportunidad de tener una vida plena y feliz».[4]

---

3. McCullough, Jr., David (2014). *You are not special and other encouragements*, Nueva York, Harper Collins.
4. El discurso, «No eres especial», puede verse subtitulado en el siguiente enlace: <https://www.youtube.com/watch?v=USgBvQR8DOc>.

Otra de las consecuencias más comunes de la hiperpaternidad es el aburrimiento. Esta nueva generación de niños, al estar tan estructurados y sobreestimulados desde muy pequeñitos, se aburre con pasmosa facilidad. Muchos son prácticamente incapaces de jugar solos, algo fundamental para su desarrollo.

Además, en las semanas de asueto, la moda actual son nuevas actividades de verano y viajes culturales –incluso para párvulos–, en vez de las antiguas vacaciones tranquilas en la montaña o en la playa, paseando por el campo o jugando con un cubo y una pala. Sin olvidar los clubs de actividades para bebés, los campamentos desde edades muy tempranas, los talleres para desarrollar su creatividad, los últimos métodos educativos que harán del bebé un futuro Einstein o un Picasso... Un trajín, vaya, orquestado por padres y madres, y auspiciado por un mercado (el del ocio y la educación infantil) cada vez más sofisticado.

Supervisados de forma constante desde el día en que nacieron, adulados merecida e inmerecidamente, con sus agendas planificadas con esmero de la mañana a la noche, defendidos a capa y espada y conscientes de que sus padres van a sacarles las castañas del fuego, sí o sí..., así se están educando millones de niños y jóvenes en el mundo, con consecuencias como el narcisismo y la falta de autonomía ya descritas. Sin embargo, hay una que destaca por encima de todas, y que no quisiera dejar de lado en esta introducción: estamos criando a los niños y a las niñas más miedosos de la historia. Irónicamente, tanta sobreprotección y atención hacia la prole está produciendo niños y niñas más miedosos e inseguros que nunca, un fenómeno del que hablaré extensamente en este libro.

El amor paterno y materno es algo instintivo, natural. Todos queremos, amamos, adoramos a nuestros hijos y nos gustaría protegerlos de las penalidades. Pero hay *límites*, esa palabra mágica en el proceso educativo. Porque los niños criados así, entre tantos algodones y amortiguadores, que saben que mamá y papá son los mánager de sus vidas, no lo pasan bien. No solo por el abanico de miedos exagerados que sufren hoy las criaturas, sino también por la falta de autonomía que deriva de una educación sobreprotectora.

Otra derivada de las crianzas híper es la baja tolerancia a la frustración, que se ha convertido en una frase con la que los padres justifican comportamientos poco justificables. Un niño escupe a otro porque este no le ha prestado un juguete que quería, o se tira al suelo, rabioso, porque ha perdido en un juego, y sus padres ladean un poco la cabeza y, sin decirle ni pío al crío, lo justifican porque «tiene una baja tolerancia a la frustración», como si se tratara de un diagnóstico de una enfermedad crónica contra la que no pueden hacer nada.

Y en un mundo plagado de frustraciones, la baja tolerancia hacia ella tiene consecuencias serias, que pueden derivar en adolescentes conflictivos, con síntomas de ansiedad, que pueden llegar a deprimirse porque la vida les resulta insoportable. Michael Yapko, uno de los mayores expertos mundiales en el estudio y el tratamiento de la depresión, concluye que la familia que evita responsabilidades a los hijos puede crear el clima ideal para hacer emerger trastornos en la adolescencia.

Dudo que ningún padre ni madre en su sano juicio quiera criar unos hijos ansiosos, incapaces de decidir por ellos mismos e insatisfechos. Y menos aún en unos tiempos tan complicados como los actuales, en la era de la «modernidad líquida», como dice el filósofo Zygmunt Bauman: tiempos en los que ya nada es seguro; lo primero, el trabajo. La tolerancia a la frustración, la resiliencia y la capacidad de adaptarse a los cambios son cada vez más fundamentales en nuestra sociedad. Por ello es urgente dejar de estar tan encima, dejar de sobreproteger y de ponérselo todo tan fácil a nuestros hijos, porque la vida, nos guste o no, es una carrera de obstáculos. Nadie tiene su existencia resuelta.

Por ello, lo que los padres y las madres debemos hacer no es preparar el camino a sus hijos, sino preparar a nuestros hijos para el camino. Con amor, firmeza y sentido común. Olvidándonos ser los padres perfectos. Relajándonos un poco. Dando tiempo libre a nuestros hijos para permitir que todos podamos disfrutar de nuestros roles. Deseamos que este libro ayude a ello.

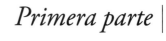

Primera parte

1.
¿Cómo se ha llegado hasta aquí?

Siempre ha habido padres avasalladores, prepotentes y sobreprotectores, además de padres obsesionados con los resultados, la brillantez y las inacabables virtudes de sus hijos. Sin embargo, hasta no hace mucho, este tipo de padres eran una *rara avis*: especies poco comunes que recibían miradas de estupor por parte de su entorno.

En mi curso escolar, por ejemplo, solo había una madre hiperprotectora. Se trataba de M., una señora encantadora cuya misión en la vida parecía ser que su hija E. no pisara las calles de la Barcelona de la década de 1970, ciudad que a ella, originaria de Zaragoza, se le antojaba una inmensa tela de araña plagada de todo tipo de trampas y peligros. En consecuencia, y pese a que residían en una plácida zona residencial donde el máximo peligro podía ser que el jardinero del edificio mojara por error a E. con la manguera, la madre acompañaba a la hija a todas partes.

Y cuando digo a todas partes, digo a todas partes: de casa a la escuela y de la escuela a casa. Del colegio a la clase de piano y de la clase de piano a casa. De la escuela a casa de su amiga y de casa de su amiga a casa. Sana y salva. Tracen una ruta y ahí estaban E. y su madre, subidas en el inmenso coche de importación del que tan orgullosa se sentía M. Así durante años y años. Las dos: la madre al volante y la hija en el asiento delantero (sin cinturón de seguridad, por cierto). Conversando o en silencio, merendando o estudiando en el coche y, a medida que la hija se hacía más mayor, discutiendo. E. quería más libertad, que su madre la dejara ir sola de vez en cuando. En especial, a aquellas salidas que se empezaban a organizar, cuando teníamos doce o trece años, para ir al cine en grupo o al parque de atracciones.

El de E. y M. fue sin duda el ejemplo más extremo de sobreprotección que viví durante mi infancia y adolescencia. Fui testigo de algún otro, como el de la madre de otra amiga mía, C., que tampoco la dejaba ir prácticamente a ningún sitio —un verano, por temor a que su hija se golpeara con una roca, le prohibió ir a la playa—. También conocí a un padremánager, empeñado en hacer de su hijo un campeón del tenis, y escuché unos padres tan orgullosos de la belleza de su hija que la adulaban constantemente, llamándola Sissí emperatriz. Estaban más o menos convencidos de que la niña estaba destinada a convertirse en una estrella de Hollywood o a casarse con un millonario (logró lo segundo, por cierto).

Pero aquello era todo. En mi infancia y juventud, transcurridas entre las décadas de 1970 y 1980, a los niños (y todavía menos a los adolescentes) se nos hacía más bien poco caso. Para los padres, en general, teníamos unos deberes bastante claros: rendir en la escuela y saber comportarnos. Se consideraba que nuestro bienestar era importante, por supuesto, pero no éramos, ni muchísimo menos, el centro de sus vidas. Nada que ver con lo que pasa hoy.

«Mi madre sobrevuela por encima de mí como un helicóptero», se lamentaba un adolescente estadounidense en la consulta del psicólogo infantil Haim G. Ginott. La descripción llamó la atención del especialista, quien también era pedagogo, y la recogió en su libro *Between parent and teenager*, un superventas publicado en 1969. Fue seguramente la primera vez que apareció el término «padres-helicóptero» en letras de imprenta.

El término fue rescatado a principios de este siglo, cuando los responsables de las universidades estadounidenses se toparon con los padres de los niños de la generación llamada «milenio» (la de los nacidos entre 1985 y 1994). Dichos progenitores, pertenecientes a su vez a la generación del *baby boom* estadounidense, se caracterizaban por velar al máximo por los intereses de sus hijos, aunque estos fueran ya universitarios: los despertaban por las mañanas, les preparaban el desayuno, los acompañaban a todas partes, estaban constantemente conectados con ellos mediante el móvil… Eran, asimismo, capaces de discutir acaloradamente con los maestros por cualquier calificación que consideraran inadecuada. También se detectó otra práctica hasta entonces inaudita: los padres exigían estar presentes en las entrevistas de acceso a la universidad de sus hijos.

Desde entonces, el término «padres-helicóptero» se ha normalizado. También se ha ido normalizando este tipo de crianza, en la que el hijo o la hija son el eje: el astro rey alrededor del cual orbitan sus padres, dispuestos a darle, sencillamente, lo mejor y lo máximo y a evitarle contratiempos y sufrimientos, a tenerlo entre algodones al precio que sea. Este modelo se ha exportado con éxito hacia Europa. En 2001, el psicólogo italiano Giorgio Nardone y las psicólogas Emanuela Giannoti y Rita Rocchi publicaron un estudio, titulado *Modelos de familia*,[5] en el que pusieron al descubierto «lo que ha pasado a ser de dominio y discusión pública en los últimos años [...]: que la familia italiana ha evolucionado hacia los modelos de relación padres-hijos de tipo predominantemente hiperprotector y permisivo». Entre otros, los autores señalaban que no es nada casual que más del 70 % de los jóvenes italianos de hasta treinta años, aunque con autonomía económica, siga viviendo con la familia de origen. Un fenómeno que, recalcaban, «no se produce, como afirma el ideólogo populista de turno, por razones económicas, sino por comodidad y poco sentido de la responsabilidad».

El estudio destacaba el paso de una tipología de familias puramente patriarcales a otra nuclear. En el siglo XXI, los árboles genealógicos se han invertido y las atenciones de los padres, abuelos, tíos y tías se dirigen exclusivamente hacia este hijo único. Los padres se ponen como misión hacer la vida de sus hijos lo menos complicada posible, «de modo que llegan incluso a hacer las cosas en su lugar». Prevenir,

---

5. Nardone, Giorgio, Giannoti, Emanuela y Rocchi, Rita (2003). *Modelos de familia*, Barcelona, Herder.

anticipar posibles dificultades de la prole y controlar sus movimientos y el «dinos lo que necesitas que nosotros te lo procuraremos» son algunas de las características detectadas por el equipo de psicólogos liderado por Nardone.

Modelos de familia fue traducido a muchas lenguas. Para los autores, hay evidencias de que las dinámicas familiares en el mundo occidental tienen una orientación similar: «No existen ya solamente mocosos o niños de mamá latinos [...], sino que prácticamente toda la sociedad europea y anglosajona occidental se ha vuelto hiperprotectora y permisiva»,[6] aseguran.

Cordón umbilical tecnológico

El móvil, ese aparatito que ya es parte de nuestra cultura, es el nuevo cordón umbilical entre padres híper e hijos: se usa tanto para controlar los pasos de la prole como para pedir auxilio ante cualquier dificultad que surja. ¿Tengo veinte años y estoy encerrada en un ascensor? Pues llamo a mi madre para que avise de que estoy atrapada, en vez de apretar el botón de alarma. ¿No sé si escoger pasta o verdura en el menú? Pues llamo de nuevo a mamá, para que me diga qué

---

6. El estudio destaca que esta afirmación no es válida en el caso de las bolsas de inmigración –con otras características culturales–, ni para aquellas situaciones que rozan el límite de la marginación social, en las que domina la disgregación familiar. La hiperprotección es un fenómeno de clases medias-altas, principalmente.

comer. ¿Es mi primer día de universidad y no sé a qué clase ir? Pues llamo a mi madre –aunque esté en Japón, trabajando–, y que ella me indique adónde ir... Al fin y al cabo, desde que tengo uso de razón, es ella quien ha controlado mi agenda.[7]

El móvil se ha convertido en una herramienta clave para ejercer esta paternidad frenética, que implica una serie de comportamientos que en otras épocas se habrían considerados, como mínimo, excéntricos. ¿Se imaginan a sus padres pidiendo una entrevista con el director de la escuela para exigir que al niño o a la niña les toquen unos maestros en concreto? ¿O a sus padres haciéndoles (no ayudándolos, sino *haciéndoles*) los deberes? ¿O a su madre o a su padre golpeando a un profesor porque le han puesto una mala nota o han osado castigarle? ¿O insultando a un árbitro en un partido infantil? ¿O a los componentes del equipo rival? E, incluso, llegando a verdaderos extremos, como el caso de Wanda Holloway, una mujer de Texas que en 1991 planeó asesinar a la madre de una compañera de clase de su hija para que su niña pudiera entrar en el equipo de animadoras del colegio.[8]

---

7. Todos ellos son casos reales.
8. Wanda Holloway estaba obsesionada con que su hija, Shanna, de trece años, consiguiera ser animadora en el colegio, algo que ella había ansiado desde pequeña. Cuando Shanna fue rechazada, la madre decidió contratar a un asesino para liquidar a Verna Heath, su vecina y madre de la niña que, según el razonamiento de Wanda, era el obstáculo para que Shanna pudiera entrar en el equipo. Años después, la hija explicó en una entrevista a la revista *People* que nunca había tenido ningunas ganas de ser animadora y que jamás presionaría a sus hijos a hacer alguna actividad a la fuerza.

Aunque este último caso es tan inusual que incluso se han hecho dos películas sobre él, los otros ejemplos citados son cada vez más habituales. Muchos de los padres actuales ejercen, entre otros, de mánager, animadores culturales, guardaespaldas, orientadores académicos, chóferes y mayordomos de los hijos. Todo ello provoca, según los expertos, progenitores estresados e hijos agobiados que, en muchas ocasiones, crecen «incapacitados» debido al exceso de protección. «Los hijos acaban por rendirse sin luchar, renunciando al pleno control de su vida y refugiándose en la jaula dorada del privilegio, de la que cuesta mucho salir, ya sea por una deuda de reconocimiento o por incapacidad», escribe Nardone.

Ante este panorama, la pregunta es: ¿cómo hemos llegado hasta aquí?

«Yo creo que estamos aquí porque han convergido una serie de tendencias, con el fin de producir una "tormenta cultural perfecta"», me explica Carl Honoré, uno de los defensores del movimiento *slow* y autor, entre otros, del ya clásico *Bajo presión*.[9] Este escritor y periodista inglés fue pionero al hablar de los padres-helicóptero y de «niños dirigidos», víctimas de la ansiedad. En esta «tormenta perfecta» de la que habla intervienen la globalización y el aumento de la competencia, que, «unidos a la inseguridad cada vez mayor en los lugares de trabajo, nos han hecho más y más

---

9. Honoré, Carl (2008). *Bajo presión. Cómo educar a nuestros hijos en un mundo hiperexigente*, Barcelona, RBA.

ansiosos respecto a preparar a nuestros hijos para la vida adulta».

Un símbolo de estatus

La apoteosis de la cultura del consumo ha creado una sociedad con altas expectativas: «Hoy queremos dientes perfectos, un cuerpo perfecto, las vacaciones y la casa perfecta y, obviamente, los niños perfectos para completar el cuadro». Y como padres «sentimos una presión cultural inmensa para darles a nuestros hijos lo mejor de todo; para darles una infancia "perfecta"», resume Honoré.

En consecuencia, son muchos los padres y las madres dispuestos a sacrificar tiempo, recursos y dinero para que sus hijos gocen de... ¡todo! Colegios de élite, extraescolares de todo tipo, fiestas de cumpleaños extravagantes (tan especiales que pueden incluir el alquiler de una limusina para un grupito de niñas de once años),[10] viajes, ropa de marca... Los hijos se han convertido en un símbolo de estatus y sus logros, en una nueva forma de competir con el vecino.

Honoré también destaca las razones demográficas que citaba el estudio de Nardone: nunca antes las familias habían

10. Otro caso real: en ciudades como Barcelona las madres y los padres de cumpleañeros y cumpleañeras son algunos de los principales clientes de las empresas de alquiler de limusinas.

sido tan reducidas, lo que significa que tenemos más tiempo y dinero para gastar en los hijos. En contrapartida, al haber menos hijos, las oportunidades de que uno de ellos «destaque» son menores, lo que también pone un poco nerviosos a algunos progenitores.

Sin olvidar que las mujeres son madres cada vez más mayores: «Y si tu primer embarazo se produce a los treinta y ocho o treinta y nueve años, seguramente habrás pasado mucho tiempo planeando cómo va a ser ese hijo o hija. Y si algo va mal, quizás no seas capaz de tener otro, así que hay ya una ansiedad desde el principio», observa Honoré. Esta edad más avanzada de los padres también provoca que se importen los años de experiencia profesional a la familia. Al pensar en maneras de ser mejores padres se nos ha ocurrido hacer lo que hacemos en la oficina para mejorar los resultados: traer a los expertos, gastar mucho dinero y trabajar muchas horas. La paternidad se ha *profesionalizado.*

Madeline Levine también achaca este auge de la generación híper a la cultura competitiva de Estados Unidos, que ha hecho que la paternidad se haya convertido en una especie de carrera sin descanso, cuya meta es lograr que el hijo o la hija triunfe. O, por lo menos, que destaque más que el hijo del vecino.

En este entorno se ha impuesto la creencia de que este «triunfo» solo se consigue si se trabaja con el hijo prácticamente desde el momento en que nace. En consecuencia, la prole es sometida, desde edades muy tempranas, a todo tipo de estímulos dirigidos a modelar ese niño o niña perfectos, la envidia de todos, que irá a Harvard o a otra de las prestigiosas universidades de la Ivy League.

En un país que es epítome del capitalismo y en el que existen ofertas para prácticamente todo, esta preparación es exhaustiva y, por supuesto, muy costosa: desde talleres para bebés donde estimularlos a tope a escuelas privadas que prometen crear genios, sin olvidar la práctica precoz de todo tipo de actividades deportivas y académicas.

La infancia como *training camp*

Madeline Levine denuncia el hecho de que en muy poco tiempo hayamos pasado de considerar la infancia y la adolescencia como etapas importantes para el desarrollo por sí mismas a considerarlas «un campo de entrenamiento para que los hijos sean admitidos en escuelas y universidades». En este campo, escribe, «los padres tratan a los niños como jóvenes adultos, pero, a la vez, actúan como si los hijos fueran niños pequeños que necesitan una supervisión perpetua».

Esta es la primera incongruencia de la hiperpaternidad. Porque, pese a la buena intención, esta supervisión constante provoca más problemas que otra cosa. Los retoños, destaca Levine, no llevan tan bien este exceso de atención. Ella lo sabe: no en vano lleva treinta años tratando a adolescentes de familias ricas de San Francisco, y lo que ha detectado son jóvenes que lo tienen todo, pero se muestran muy insatisfechos con su vida.

David McCullough, Jr. también achaca gran parte de este fenómeno a la cultura competitiva de su país, que valora los resultados por encima del esfuerzo. En su ya célebre discurso de fin de curso, que se convirtió en viral en Internet, este profesor abordó la cultura imperante del «hijo, eres especial» frente a las familias del Wellesley High School, un prestigioso centro público de Boston, con alumnos de entornos privilegiados. Ni corto ni perezoso, les dijo a sus alumnos que, en contra de lo que habían escuchado desde el día en que nacieron, ninguno de ellos era «especial» ni excepcional, sino que formaba parte de un planeta en el que había millones de personas como ellos.

A sus cincuenta y cinco años y con mucha experiencia en la docencia, este maestro de lengua inglesa, hijo de un Premio Pulitzer, también habló de esos padres «bienintencionados» pero que sobrevuelan y dirigen las vidas de sus hijos sin descanso, presionándolos para que sean los mejores pero a la vez allanándoles el camino para ello. Tanta presión, conjugada con tanta intervención, hace que los estudiantes tengan «terror al fracaso, pierdan la oportunidad de cometer errores y aprender de ellos y, en consecuencia —remata—, se pierdan la oportunidad de tener una vida plena y feliz».

McCullough asegura conocer y apreciar mucho a sus alumnos y, en las muchas entrevistas que ha concedido desde aquel discurso, dice que sus palabras ese día no querían ser «un bofetón», sino un aviso cariñoso del tipo: «Vais a salir fuera, debéis estar preparados». Porque, señala, si los niños tienen la idea de que son más importantes que otros, que cada uno de sus movimientos son escudriñados, siempre con el objetivo de triunfar, la vida se convierte para ellos en algo represivo, les produce mucha presión, «porque creen que el propósito de cualquier tarea ha de ser el de sobresalir, en vez del placer de hacer las cosas».

McCullough coincide con Carl Honoré en que hoy los hijos se tienen más tarde, cuando los padres «están preparados» para ello: son un bien buscado y deseado, sobre el que se ha tenido mucho tiempo para pensar en cómo serán. Muchos padres, además, llevan ya tiempo trabajando y disponen de docenas de recursos y conexiones para procurar que su prole suba más alto que ellos. Sin olvidar, nos recuerda, a esos progenitores que viven atados a un trabajo que, pese a que les procura suculentos beneficios, quizás no les da otras sensaciones plenas importantes (como la pasión por lo que hacen, por ejemplo). En su opinión, esta obsesión se traduce en los hijos en un ansia «casi mercenaria» por buenas notas y premios.

¡Corre, que llegamos tarde!

La importancia del «tener» por encima del «ser» se ha detectado también a miles de kilómetros de Boston, en las afueras de Barcelona. En el centro educativo La Granja, su directora, la pedagoga Cristina Gutiérrez Lestón, autora de *Entrénalo para la vida* (Plataforma, 2015), empezó a notarlo «entre 2002 y 2004», durante esos años dorados previos a la crisis de 2008, cuando muchos creyeron que era posible comprarlo todo. «Empezamos a ver que los niños eran diferentes y que de alguna manera la sociedad había cambiado el "ser" por el "tener"», recuerda Gutiérrez Lestón. Para ella, este factor ha sido determinante para la construcción de esta nueva hornada de padres e hijos que «se ha hecho poco a poco, casi sin que nos demos cuenta». Como sus colegas estadounidenses, Cristina identifica el estrés como parte indisoluble de estas nuevas familias: «Como "tener" nos implica invertir mucho tiempo –no solo hay que ir a comprar lo que queremos, sino, especialmente, utilizar todo lo que compramos–, a los niños no les queda espacio para "ser"», advierte.

Las prisas, explica Cristina, son una constante en los hogares actuales. Corre, desayuna; corre, la mochila, que es tarde; corre, que no llegamos a la extraescolar; corre, que hay que hacer los deberes… «Todo ello ha contribuido a que muchos niños no tengan jamás el tiempo de parar y pensar. Pensar quiénes son, qué hacen y por qué». Tampoco podemos pararnos a preguntarles a nuestros hijos qué es lo que ellos consideran importante: «Toda esta falta de tiempo y de espacio para "ser" –lamenta Cristina– ha generado una serie de carencias emocionales en muchos niños y niñas, que no saben desenvolverse en un grupo de gente. Se sienten débiles y con un montón de miedos».

Otra de las causas de la hiperpaternidad puede ser el deseo del padre o de la madre de reafirmarse a través del hijo. Cada vez son más las mujeres que dejan sus carreras para «vivir plenamente» la maternidad. Una decisión nada desdeñable, pero que en muchas ocasiones se traduce en la *profesionalización* de la misma, como señalaba Carl Honoré. La inseguridad en nuestra capacidad como progenitores es asimismo una de la causas de este fenómeno. Una inseguridad que nos hace presas fáciles de compañías especializadas en todo tipo desde *gadgets* para «proteger» y perfeccionar a nuestra prole: desde cascos (sí, cascos) para llevar al crío al supermercado hasta aplicaciones para monitorear la salud de bebés completamente sanos, colchones que evitan la muerte súbita y protectores de todo tipo. El mercado alrededor de los miedos e inseguridades paternas es enorme, y la oferta empieza a partir del embarazo.

El derecho a unos padres relajados

No se trata solo de inseguridades físicas. Los padres también se sienten inseguros respecto al capital cultural que se quiere dar a cada hijo. Las «mejores» clases de música, de equitación y de idiomas. El esquí, los viajes, el profesor particular fijo para que el niño o la niña vayan por delante de sus compañeros. Experiencias que nos han hecho creer que los hijos deben vivir, sí o sí, para ser felices o triunfar en la vida.

Todo ello en el contexto de una sociedad capitalista, individualista y competitiva, en la que coinciden muchas personas que quieren moldear a su hijo o a su hija a la perfección. El resultado: padres con un estrés monumental, pues no solamente están atentos a sus hijos, sino también a los hijos de los demás. «Los padres somos muy vulnerables a todo tipo de presiones por parte de otros padres», recalca Honoré. Presiones del tipo: «¿Tu hijo de dos años no tiene aún un profesor particular?», «¿No lo has apuntado a esta maravillosa extraescolar?», «¿Todavía no esquía?», «¿No habla inglés?», «¿No ha ido a Disneylandia?»...

«Yo también soy padre –apunta Honoré–, y sé perfectamente lo duro y confuso que es criar a los hijos hoy: tenemos la sensación de que hay que exprimir, pulir y proteger a nuestros hijos con un fervor sobrehumano o fracasaremos». Sin embargo, a partir del instinto, noble y natural, de hacer lo mejor para nuestros hijos, «acabamos yendo demasiado lejos», concluye.

Y los niños necesitan unos padres relajados. «Es un derecho de la infancia», asegura Gregorio Luri, filósofo y pedagogo. Luri, que ha trabajado como docente a todos los niveles y ha publicado una quincena de libros, reivindica una vuelta a la paternidad tranquila, del sentido común. «Porque todos nos equivocamos: la condición humana es meter la pata», me explica mientras nos tomamos un café en la tranquila plaza de Ocata,[11] el pueblo de la provincia de Barcelona donde reside. Además, añade, no todo está en nuestras manos: «No hay que olvidar nunca la primera lección de la Biblia: Adán y Eva tuvieron dos hijos y ¡cada uno les salió como les salió!».[12]

---

11. Y que da título a su blog: *El Café de Ocata*.
12. Nada más y nada menos que Caín y Abel.

Luri, que nació en un pueblito de Navarra en 1955, recuerda cómo en la generación de sus padres se sabía que, en la educación, siempre hay un elemento de incertidumbre. «Decían algo que está muy bien dicho: "Mira qué hijo le ha salido", porque tus hijos son hijos tuyos pero también son hijos de su tiempo, de sus amigos, de mil cosas. Y sobre todo, desde pequeños, son también hijos de sus decisiones voluntarias».

Este filósofo cree que los padres de antes lo tenían más fácil, porque tenían muy claro que si un hijo no servía para una cosa había otras salidas. Ahora estamos en una situación de incertidumbre, lo que pesa mucho. Pero, como los otros expertos consultados aquí, Luri es también de la opinión de que estar continuamente pendientes de ellos es contraproducente, «porque les dedicamos tanto tiempo y esfuerzos que no nos queda tiempo de calidad, que es el decisivo».

O dicho de otra manera: «Los hijos tienen también derecho a tener unos padres relajados —reitera—. Lo que sucede es que existe una corriente que nos hace sentir totalmente responsables de ellos y si solo nos sintiéramos responsables sería magnífico, pero nos sentimos inseguramente responsables, y eso es lo terrible». Ahí está, en su opinión, la patología, el drama de la paternidad moderna: hagan lo que hagan los padres de hoy, tienen una voz interna que les dice si no habría sido mejor hacer lo contrario.

2.

Guardaespaldas, madres-tigre y papás-bocadillo: tipos de hiperpadres

El instinto natural de los padres es proteger a los hijos. La primera vez que uno ve a su bebé recién nacido, diminuto, arrugado, lloroso y hambriento, se despierta un deseo ancestral por alimentarlo, abrigarlo y protegerlo a toda costa. Y aunque los bebés son más fuertes de lo que creemos, su aspecto frágil y delicioso los hace objeto de veneración casi instantánea; de un instinto automático de protección que se da en todo el reino animal. Las madres se convierten en leonas, lobas y osas dispuestas a proteger al cachorro a toda costa, y los padres en los aliados naturales de esta misión.

Pero los bebés crecen, se hacen fuertes y se transforman. Primero en niños y niñas, y luego en adolescentes hambrientos de independencia. Y si hasta ahora lo natural también era dejarlos ir (porque una parte fundamental de educar implica soltar la cuerda, que construyan su autonomía), este proceso se ha ido desvirtuando. Cada vez son más los padres que se niegan a soltar nada, a dejar que sus hijos se espabilen, crezcan, tropiecen, se levanten por sí solos y aprendan. Cada vez hay más padres que han decidido que van a proteger a su camada hasta el fin de los días para evitar, a toda costa, que caigan.

Aunque la esencia es más o menos la misma, la hiperpaternidad tiene varios rostros. En este capítulo hablaré de algunos tipos de padres híper, empezando por el más llamativo: el de los padres guardaespaldas. Estos progenitores, bajo el lema «Mi niño no se toca», no permiten, literalmente, que *se toque* a su preciada prole con independencia de lo que esta haya hecho.

Lo explicó muy bien el escritor y periodista David Sedaris en su libro *Let's explore diabetes with owls*,[13] cuando un día, en Nueva York, vio cómo un adolescente *grafiteaba* un buzón de la calle mientras sus padres hacían la compra en un supermercado vecino. Cuenta Sedaris que, ante aquel acto incívico, un vecino posó su mano sobre el hombro del chico y empezó a llamarle la atención. Al escuchar los gritos, los padres de la criatura salieron del supermercado y corrieron junto a su hijo. No se inmutaron, sin embargo, al oír lo que este había hecho mientras ellos compraban. Se limitaron a encararse con el hombre (quien seguía posando ligeramente la mano sobre el hombro del adolescente), y le espetaron, indignados: «¿Quién le ha dado a usted derecho a tocar a nuestro hijo?».

---

13. Sedaris, David (2013). *Let's explore diabetes with owls*, Nueva York, Back Bay Books.

El hombre, un poco confundido, les explicó lo que el chico había hecho con el enorme rotulador, que ahora estaba a sus pies, pero la madre continuó: «No me importa lo que hacía mi hijo. Usted no tiene derecho a tocar a mi hijo. ¿Quién se ha creído usted?». Y acto seguido indicó a su marido que llamara a la policía, que, cuenta Sedaris, ya estaba en ello.

Una situación similar le sucedió a mi esposo, también en Estados Unidos. En un viaje de trabajo a Washington se acercó a una librería del centro con una colega llamada Núria. Caminaban por el pasillo, flanqueado de estanterías, cuando vieron a un niño de unos once años, ojeando un libro, que les bloqueaba el paso. Núria le tocó el hombro, levemente, para apartarlo. Se trató de un gesto casi automático. De hecho, el niño apenas se dio cuenta. Pero sí se dio cuenta la madre, que apareció de repente, cual tigresa de Bengala, y se puso a gritarle a Núria como una posesa, diciéndole que cómo se atrevía a tocar a su hijo y que si volvía a hacerlo, iba a llamar a la policía.

Los padres guardaespaldas pueden actuar en solitario, en pareja —como el caso antes descrito— o en grupo. Esta última versión se da especialmente en las escuelas, donde son capaces de presentar un frente unido ante cualquier ente o persona que ose ya no tocar, sino *decirles* algo que nos les gusta a sus hijos.

Lo vivió en primera persona X., un profesor de educación física de un colegio barcelonés que, con casi treinta años de experiencia trabajando con críos, tuvo que dejar su trabajo debido a un malentendido. X. era el coordinador del equipo de monitores de una escuela de Barcelona, un trabajo que dependía de la AMPA (la Asociación de Padres y Madres de Alumnos). Su profesionalidad, que había desempeñado de forma impecable durante años, se puso en cuestión desde que un mediodía llamó la atención a un grupo de niños por su mal comportamiento. «Después de comer me acerqué al gimnasio; había empezado a trabajar un monitor nuevo, así que fui a ver cómo iba todo», explica. Al abrir la puerta, vio que las cosas no iban bien: niños y niñas descontrolados, saltando como posesos, jugando a la pelota, los zapatos tirados por todas partes… El griterío era ensordecedor y X. los mandó callar a todos: «Les dije que pararan, porque no sabía si estaba entrando en el gimnasio de la escuela o en la matanza del cerdo de mi pueblo».

Los niños callaron, pero, dos días después, la AMPA recibió una carta de una serie de padres indignados, denunciando que X. había llamado «cerdos» y «animales» a sus hijos. «Mi primera reacción fue no creer lo que leía —recuerda—. Después, propuse una reunión para explicar lo que había pasado».

La reunión no fue bien. Aunque algunos padres se mostraron conciliadores, ganaron los reivindicativos, los convencidos de que X. había llamado «cerdos» a sus hijos. «La AMPA recibió tanta presión que tuve que irme. Fue un acoso y derribo», concluye.

Padres en la escuela

Del asunto, X. saca varias conclusiones. La primera, que cada vez hay menos límites por parte de los padres: «Nos creemos capaces de poder criticar y hablar sobre todo…». Y aunque esto es algo habitual, la diferencia es que ahora los padres son capaces de actuar y de movilizarse: hay más medios para hacerlo, como las redes sociales y los grupitos de WhatsApp. X. también ha detectado que la influencia de los progenitores es cada vez mayor en las escuelas, en especial, en las que tienen asociaciones de padres potentes. Los padres están cada vez más involucrados en los colegios, lo que, aunque es positivo en muchos aspectos, puede también provocar malas dinámicas. Y es que, en ocasiones, las AMPA pueden convertirse en plataformas para que algunos padres hagan lo que quieran. X. me cuenta que en una escuela en la que trabajó y en la que el comedor lo llevaba la AMPA una madre se metió en la asociación «para diseñar el menú para sus hijos, en función de lo que les gustaba y lo que no».[14]

Carl Honoré también ha detectado esta tendencia de los padres de involucrarse cada vez más en la escuela. La define como «un arma de doble filo», porque, por un lado, puede ser positivo en aspectos como mantener la calidad de los maestros, por ejemplo. Sin embargo, «el problema surge

14. La secretaria de la AMPA de otra escuela me comenta la cantidad de niños y niñas que, según sus padres, son alérgicos a la ensalada pero no presentan justificante alguno.

cuando los padres se involucran de forma excesiva, lo que cada vez es más habitual».

Honoré cree que «cuando el compromiso se transforma en intromisión, entonces todo el mundo sufre, porque se crea una atmósfera de conflicto entre padres y maestros». Además,

[...] se roba la autonomía a los hijos porque cuando los padres van de arriba para abajo creando el ambiente perfecto para sus hijos, estos nunca aprenderán cómo encajar con el mundo como es realmente. Pueden perder las ganas de librar sus propias batallas y defender sus propias convicciones.

Quizás la diferencia entre los padres guardaespaldas y los clásicos padres sobreprotectores es que, mientras estos últimos se limitan a proteger y punto, la nueva especie protege... atacando, ya sea mediante amenazadas veladas, llamadas a la policía, demandas legales (sistemas *Made in USA*) o, incluso, llegando a las manos. Desagraciadamente, las agresiones a los maestros por parte de padres cada vez son más comunes.

También se caracterizan por su fiereza las madres-tigre, encarnadas por la chinoamericana Amy Chua, autora del libro autobiográfico: *Madre tigre, hijos leones.*[15] Su modelo no es ni permisivo ni sobreprotector, pero sí cumple a la per-

---

15. Chua, Amy (2011). *Madre tigre, hijos leones. Una forma diferente de educar a las fieras de la casa*, Barcelona, Temas de Hoy.

fección esa vertiente de «sobrevolar» de forma incansable la vida de los hijos que caracteriza a la hiperpaternidad.

Nacida en Champaign, Illinois, en 1962, Chua es la mayor de las cuatro hijas de un matrimonio de inmigrantes chinofilipinos, donde las normas eran férreas y la prioridad, la excelencia. Se les exigía mucho y se concedía poco. Siempre la mejor de la clase (en su casa no se toleraban calificaciones por debajo del sobresaliente), a Chua no le costó encontrar un buen empleo: primero en una prestigiosa firma de abogados y, más tarde, en Yale. Por ello, cuando a principios de los noventa tuvo a sus dos hijas, tenía clarísimo que iba a educarlas «del mismo modo que me educaron a mí».

Y así lo hizo. Con el beneplácito de su esposo, el escritor y abogado Jed Rubenfeld, Chua dedicó ingentes energías en conseguir dos hijas perfectas, modeladas a su gusto. Como reveló en su *himno*, escrito en supuesta clave de humor, las educó bajo la premisa de ser sobresalientes en lo que *ella* les dijera, costara lo que costase. Ello implicaba, entre otras cosas, horas y horas de lecciones de violín y piano (los dos únicos instrumentos permitidos), broncas si bajaban del sobresaliente y la prohibición de ir a dormir a casa de amigas, asistir a fiestas o ver la televisión… durante toda su infancia.

Una disciplina estricta, sazonada por los gritos de Chua, que primaba inculcar los logros sobre la autoestima porque, para ella, son los logros los que la producen. Así, si su hija de cuatro años le dibujaba una felicitación de cumpleaños y Chua consideraba que estaba mal hecha, no tenía ningún problema en tirarla a la papelera y decirle que le hiciera otra. Tampoco en llamarla «basura» si la situación lo requería, ante el horror (y algún llanto de consternación, incluso) de algunas de las sobreprotectoras madres norteamericanas. La excelencia académica y musical era el objetivo principal de esta crianza: en el libro de Chua no hay ni rastro de un interés por educar a sus hijas en valores cívicos o en tareas más prosaicas, pero también importantes, como ayudar en la casa. Triunfar académicamente es lo único que importa.

El asunto acabó mal. Harta de tener a su madre diciéndole lo que tenía que hacer desde que nació, Lulu, la hija mayor, se rebeló. En un viaje familiar a Moscú y con el Kremlin como mudo testigo, la niña estampó el violín en la Plaza Roja y le dijo a su madre que estaba hasta las narices de ella y del violín.[16]

Aquello fue más o menos el final de un sistema educativo y el principio de la carrera como escritora de Chua.

Tras la catarsis, emergió «una madre más relajada», en palabras de su hija mayor, y dispuesta a transgredir en que sus hijas se esforzaran pero «en lo que les gusta a ellas, no en lo que yo les diga». Lulu cambió el violín por el tenis y el ambiente familiar se serenó. Entretanto, Chua se ha convertido en una celebridad y su método, en un equivalente a un tipo de educación característico de las madres asiáticas. Los niños leones

---

16. Se preguntarán qué hacía la familia con un violín en Moscú: las niñas, si iban de viaje, estaban obligadas a llevarse el instrumento para seguir practicando las horas diarias estipuladas por la madre.

no se crían entre algodones pero sí que son el sol alrededor del cual orbitan sus progenitoras, dispuestas también a todo a cambio de conseguir tener unos hijos e hijas excelentes.

Los padres-mánager

Este es otro modelo interesante, precursor de la hiperpaternidad actual. Normalmente se da en el mundo del deporte y del espectáculo y el objetivo es más concreto. En vez de conseguir un niño o niña perfectos y multidisciplinares, renacentistas casi, la idea era exprimir al máximo un talento en particular del hijo o hija, llevándolos al límite si es necesario. Es lo que hizo Joseph Jackson cuando, a golpe de látigo, creó los célebres Jackson Five. Hasta que sus hijos lo despidieron, fue un férreo mánager, como lo fue Billy Ray Cyrus de su hija Miley (Hannah Montana). Fue él quien gestionó la carrera de la artista, un «producto» millonario que, finalmente, se rebeló contra su creador.

A diferencia de las madres-tigre, los padres-mánager suelen ser hombres y suelen ser ellos los que ejercen de entrenadores o profesores de sus hijos. De tenistas a gimnastas, pasando por futbolistas, nadadores y pilotos. Algunos triunfan, la mayoría nunca lo logra y otros acaban sus carreras de forma abrupta; incluso despidiendo o demandando a sus padres en los tribunales. Existen muchos casos de deportistas y artistas prodigio que lo han hecho en algún punto de sus carreras. Al citado Joseph Jackson hay que añadir a las tenistas Jennifer Capriati, Arantxa Sánchez Vicario y Steffi Graf, todas ellas enfrentadas judicialmente con sus progenitores.

Los padres-mánager no siempre están en el mundo profesional: en el deporte escolar son habituales esos padres que saben más que los entrenadores y, en los partidos, aúllan improperios al árbitro y al equipo contrario. Sus hijos son las estrellas: los futuros Messis y Ronaldos, y son lo único que les interesa. Están dispuestos a llegar a las manos si es necesario, si no están de acuerdo con un resultado o un arbitraje.[17]

«Durante un año de mi vida tuve la suerte (o no) de ser miembro de una territorial de fútbol y presidente de la comisión de fútbol base –me contó Ángel, en mi blog–, y sé lo que es que un padre te culpe de la derrota del equipo de su hijo en una final. Sé lo que es que un árbitro de quince años no quiera arbitrar porque los padres lo insultan (entre otras lindezas, "hijo de puta" es lo más suave que le dicen). Al final, cansado de luchar, decidí tirar la toalla, pero como padre siempre me pregunto: ¿tan difícil es educar en el res-

---

17. Un ejemplo de los muchos que pueden encontrarse a partir de una rápida búsqueda en Google. El primero aparece en la página web <www.sportleon.com>: «En el partido que jugaban este sábado los equipos prebenjamines (seis y siete años) de los equipos Bosco y el San Andrés, el padre de uno de los jugadores del Bosco agredió al árbitro del partido, un niño de dieciséis años, que acabó en urgencias con lesiones en la cara, el pecho y el abdomen que obligaron a dejarlo en observación en el hospital». El diario *El Mundo* informa de que en Cornellà «un grupo de padres de futbolistas menores de edad saltó al terreno de juego para derribar, patear y golpear al joven técnico de diecisiete años del equipo rival».

peto a nuestros hijos? ¿Cuándo nos daremos cuenta de que los hijos hacen lo que nos ven hacer a nosotros?». Otra tipología de hiperpaternidad es la de las madres-chófer, que suele estar copada por las mujeres. En Estados Unidos son tan habituales que, incluso, tienen su propia entrada en Wikipedia. Allí se las conoce como *soccer moms* (las «mamás del fútbol»). La enciclopedia *online* las describe como «mujeres norteamericanas de clase media suburbana que pasan una significativa parte de su tiempo transportando a sus hijos, en edad escolar, a eventos deportivos u otras actividades». A menudo, continúa Wikipedia, las *soccer moms* aparecen en los medios de comunicación como mujeres «extremadamente ocupadas» o directamente «quemadas». Suelen conducir un vehículo tipo «furgoneta» o «todoterreno» y pueden ser descritas como mujeres «que anteponen los intereses de su familia y, especialmente, los de sus hijos a los suyos». En la entrada se observa que la acepción tiene connotaciones negativas, ya que este tipo de madres, a veces, «son acusadas de forzar a sus hijos a ir a demasiadas actividades extraescolares», obligándolos a cultivarse desde muy pequeños «a costa de su infancia».

Pero los hiperpadres e hipermadres no tienen por qué ser necesariamente combativos, mánager o tigresas o llevar a los hijos de un lado a otro todo el día. También hay hiperpaternidades más discretas, que se caracterizan sobre todo por su constancia. Para mí, el epítome lo representan los llamados «padres-bocadillo»; esos progenitores que abundan en los parques españoles. Su estrategia es la siguiente: se sitúan a una distancia prudente del niño o niña, que juega con la arena o corretea con sus amigos. En una mano sostienen la merienda del retoño. El bocadillo envuelto en papel de aluminio, abierto y tendido para que, cuando al crío le apetezca, se acerque y le dé un mordisco. El padre o la madre (a veces, los abuelos) puede pasarse en esta posición muchísimo rato, esperando, al servicio del niño o niña, que a menudo ni se digna mirarlos cuando muerde el bocadillo.

3.
Características
de la hiperpaternidad

«Ayer empezamos», me dice P., que fue padre en la escuela de mis hijos y con quien me topo en la cola del supermercado del barrio.

—¿Empezasteis? —le pregunto, un tanto confundida. Sabía que acababa de cambiar de colegio a su hija, a mitad de curso, debido a un traslado de domicilio, según explicaron.

—Bueno, mi hija *empezó* ayer el nuevo colegio —rectificó P.

—¡Ah!, entiendo —le contesto y, con un poco de retintín, añado—: por la manera en que me lo has dicho, parecía que habías empezado el colegio con ella...

En la actualidad, el que los padres hablen en plural cuando se refieren a las actividades de sus hijos es algo de lo más habitual. He oído a un padre cincuentón decir «Tenemos revisión pediátrica» para explicar que acompañaba a su hija al médico. El «No entiendo cómo mi hijo ha suspendido, si *hemos* estudiado» es cada vez más habitual a la hora de cuestionar el resultado de un examen. Sin olvidar los «Hemos sacado un sobresaliente», «Nos vamos de colonias» o «Hemos ganado», otros de los plurales habituales en las puertas de colegio, campos deportivos infantiles y mensajes de WhatsApp de los padres y madres de hoy. Yo misma, en algún partido de fútbol del equipo de mi hijo, me he escuchado preguntando: «¿Cuánto *vamos?*».

Este plural es una de las características de este nuevo modelo de padres, tan involucrado en la vida de sus hijos, que ya habla con el «nos» cuando se refiere a ellos. Pienso en mis padres y en los padres de mis amigas. En mis tíos y tías, refiriéndose a mis primos y primas. Jamás, nunca, escuché a nadie hablar de esta manera: como si ellos también fueran a baloncesto, a las revisiones pediátricas, sacaran sobresalientes o empezaran el colegio.

En busca de la escuela perfecta

En el breve intercambio en la cola del supermercado descubrí también que el cambio de domicilio de la familia no era tal. Simplemente, habían encontrado plaza a mitad de curso en un colegio que les parecía más adecuado para su hija. Conozco el colegio. De hecho, cuando buscaba escuela para los míos, era una de las opciones de centros públicos que barajaba. Sin embargo, la desestimé porque, aunque es estupendo, el cole está lejos de mi casa (y de la de P.). Implicaba coger el coche y sumergirnos en el embotellamiento de cada mañana o meter a mis dos hijos en el autocar escolar y sumergirlos en el embotellamiento de cada mañana. Sin olvidar que tendríamos que levantarnos, como mínimo, media hora antes. En mi caso, prioricé que todos pudiéramos dormir un poco más y evitar el estrés que provoca el coche a la hora punta (créanme, es un estrés). Preferí optar por un cole cercano, al que hemos ido a pie todos estos años.

No le expliqué nada de todo esto a P., porque entendí que todos tenemos distintos puntos de vista. Hay padres dispuestos a cruzar la ciudad, a cambiar de domicilio o a pagar una fortuna para que sus hijos vayan a los colegios que ellos consideran más «creativos», «alternativos», «pedagógicamente más innovadores» o a los que acude «gente como nosotros». El estrés que a muchísimos padres les provoca la elección de la escuela de sus hijos merecería un libro aparte.

Una vez identificado el lugar, los hay dispuestos a alquilar un piso en la zona de influencia del centro escogido o, directamente, a falsificar direcciones. En otros casos más puntuales han llegado a inventarse enfermedades —normalmente alergias— y estados civiles que suman puntos e, incluso, sobornar a los directores de los centros con generosas donaciones (algo habitual en China, como informa el *Washington Post*).[18] Frente a esta caballería de padres implicados,

---

18. Véase «In China, parents bribe to get students into top schools, despite campaign against corruption», *Washington Post*, 7 de octubre de 2013. Como informa el diario, en China son habituales los sobornos por parte de los padres a directores de escuela para conseguir plaza para los hijos. El Gobierno ha iniciado una campaña para evitar este tipo de corrupción.

hay otros que tienen una visión más relajada del tema: si la escuela está bien y cerca, ¡adelante! Para algunos, el dilema pública o privada también es otro factor importante. Mientras que hay padres dispuestos a endeudarse con tal de llevar a sus hijos a la escuela privada o concertada, hay otros que están encantados con la pública. No solo porque es eso, pública y gratuita, sino porque consideran que su responsabilidad con sus hijos es importante, sí, pero también con la sociedad. «La gente marca sus líneas en diferentes lugares», me explica Emily Harper, una maestra de primaria, madre de tres hijos y autora de una tesis sobre la historia de la educación.

Yo no tengo ningún problema en enviar a mis hijos a una escuela pública, aunque podríamos permitirnos enviarlos a una privada. Tampoco tengo ningún problema en admitir que quizás en una escuela de este tipo tendrían más medios, clases más reducidas y, quizás, más «oportunidades», pero, personalmente, me sentiría incómoda formando parte de un sistema que, creo, refuerza las desigualdades de nuestra sociedad, que, en lo que respecta a los niños, me parecen especialmente horribles.

Sin embargo, pese a sus argumentos, más que razonables, Emily sabe que «para mucha gente, mi decisión equivale a ser una madre irresponsable».

Escoger colegio es un tema muy personal, que despierta muchas emociones y en el que se invierten incontables dosis de energía. Todas las posturas son respetables, pero la obsesión por encontrar la «escuela perfecta» es otra de las características de los hiperpadres. En un tema que ya de por sí implica un esfuerzo, ellos se superan. Sus retoños son tan especiales que pocos centros serán suficientemente buenos. Son capaces de visitar docenas de escuelas, elaborar hojas Excel comparativas, averiguar lo averiguable e, incluso, cuando sus hijos ya son preuniversitarios, exigir estar presentes en la entrevista de admisión. Otros, por su parte, ya tienen planeado dónde va a educarse su descendencia, incluso antes de que esta exista. Este plan establecido, desde el minuto cero, es otra de las características del modelo.

En muchos lugares, la competencia por encontrar la escuela perfecta empieza ya en la guardería. En Hong Kong, por ejemplo, muchos padres están convencidos de que solo si sus hijos entran en una guardería apropiada podrán acceder al parvulario apropiado, la escuela primaria apropiada, la secundaria y, finalmente, la universidad apropiada. Debido a ello, y según explica la BBC, existen ya clases para preparar a niños de un año e, incluso, a bebés, para la entrevista de acceso a la guardería.[19] Otros métodos que

---

19. En estas clases, entre otras cosas, se les enseña a saludar educadamente a la maestra, a recitar un poema, a dibujar, a construir una torre con bloques. Según la BBC, se imparten unas doce clases con un coste de unos 600 dolares, casi un cuarto de la renta media de un hogar en Hong Kong. Algunos padres lamentan que en las guarderías «las entrevistas sean cada vez más complicadas», con cuestiones quizás algo complejas para un niño de un año, como ¿para qué sirven los ojos? o ¿qué tipo de huevo es este? Por otro lado, en algunas guarderías se observan a los padres y no a los hijos. Y si son demasiado avasalladores, el crío no entra. En estos centros

han llegado a las páginas de la prensa internacional son las acampadas frente a parvularios de Nueva York y, de nuevo, Hong Kong: padres dispuestos a pasar dos noches al raso con tal de conseguir ser los primeros en apuntar a sus hijos en el centro deseado. Esta hiperactividad no disminuye cuando los niños ya están en las aulas. Los hiperpadres se involucran tantísimo en todo lo que se refiere al aprendizaje académico de sus hijos que se han convertido en la pesadilla de muchos docentes. Pese a que lo natural, después de tanto esfuerzo en escoger la escuela perfecta, sería relajarse y confiar en el centro, los padres y las madres no se detienen aquí: se saben mejor que sus hijos los temarios de cada curso; estudian con ellos e, incluso, hacen los deberes por ellos; escriben notas larguísimas a los profesores, detallando todas las particularidades de sus retoños o atosigan a los encargados del comedor (que están asombrados de la cantidad de *alergias* a alimentos que se dan entre los niños de hoy en día).[20]

---

valientes lo que aconsejan es que en vez de llevarlos a clases de preparación para entrar en la guardería, pasen más tiempo con sus hijos, que es lo que necesitan a esta edad.

20. En ocasiones no son invenciones, sino, directamente, peticiones. Me contó la directora de una escuela que una madre les había dicho que solo matricularía a su hijo en el centro si no lo obligaban a comer pollo y ensalada, dos alimentos que al niño –de tres años– «no le gustaban», según palabras de su madre.

Con las nuevas tecnologías

Muchos exigen saber todo lo que pasa dentro de las aulas y algunos piden acompañar a sus retoños en las excursiones escolares. Las nuevas tecnologías se alinean con estas ansias: cada vez son más los centros que ofrecen la posibilidad de comunicarse por *e-mail* con los tutores y los padres que consiguen el WhatsApp de sus profes para bombardearlos con preguntas y emoticonos. Existen parvularios que ofrecen a los padres conexión en directo con las aulas de sus hijos vía *webcam*, mientras que los blogs, páginas webs y Facebooks donde se informa de lo que hacen y dejan de hacer los críos están a la orden del día.[21]

Si la escuela soñada para su hijo no se ajusta a sus deseos, los hiperpadres tienden a modificarla. Son capaces, como explica Sara, una madre-helicóptero confesa, de presentarse en la oficina del director del colegio de sus hijos «requiriendo que les asignaran unos profesores específicos a fin de que tuviesen la mejor educación posible». Yo he vivido de cerca una iniciativa de una asociación de padres para tratar de colaborar de forma fija en la redacción del plan educativo de un centro de primaria (cuyo nivel académico, por cierto, es bueno). También se demandaba que los padres pudieran

---

21. En la escuela de mis hijos, cada vez que iban de colonias, organizadas por la Asociación de Familias, se abría una página web donde los «padres acompañantes» a las colonias nos informaban del día a día de los niños. Los padres en desacuerdo con a) la noción de padres acompañantes y b) la idea de saber, casi en tiempo real, qué hacían los niños, éramos minoría.

asistir a las reuniones del claustro de profesores y se les sugería qué tipo de salidas extraescolares podían hacer con los niños. Aunque la idea era supuestamente bienintencionada, no dejaba de ser un ejemplo de intrusismo profesional (ninguno de los padres que firmaron la petición tiene la titulación de maestro de escuela primaria).

Las notas son otro elemento de fricción. Si no son las esperadas, los hiperpadres están dispuestos a hacer todo tipo de presiones para modificarlas, al ser incapaces de entender que su hijo o hija, tan especial y en quien han invertido tantos esfuerzos, saque un suficiente o un bien o, incluso, un notable.[22]

El maestro ya no tiene la razón

Cuestionar el trabajo de los maestros, entrenadores, monitores y otras personas implicadas en el desarrollo pedagógico de los hijos también está a la orden del día. Cada vez son más numerosos los padres que desoyen las observaciones de los docentes sobre sus hijos (tan perfectos que es imposible que tengan algún defecto). Si el niño o niña no estudia, es que no se lo estimula adecuadamente («Te dicen que no

---

22. A muchos padres, y también a muchos estudiantes, esta calificación más que notable les resulta insuficiente. Como resultado, en países como Estados Unidos existe lo que se llama *grade inflation* o «la inflación en las calificaciones». Sobresalientes por doquier, vaya.

sabes motivarlo», cuenta una maestra); si el niño o niña (de once años) se tira al suelo y monta un espectáculo en la clase porque el maestro le ha dicho que no ha hecho bien algo, no es porque tenga una tolerancia nula a la frustración, sino que el profesor «no sabe entenderlo». Si el maestro decide poner deberes un día a la semana, en cuarto de primaria, los padres pueden ser los primeros en movilizarse en contra.[23] Porque si antes «el maestro tenía siempre la razón», ahora se ha pasado al otro extremo y son los hijos quienes la tienen.

«En ocasiones, los padres vienen a la reunión diciendo que sus hijos les han dicho tal cosa», explica Juan, jefe de estudios de secundaria en un colegio de élite barcelonés. «Y si tú les da tu versión, no te creen. Es la del hijo la que vale». A veces, la conversación puede rematarse con un: «Y piense que soy abogado, juez o policía...». Eva, maestra de parvulario, también detecta esta pérdida de la figura de autoridad y comenta que están subiendo niños de tres años «superexigentes».

Esta falta de confianza por parte de los padres tiene mucho que ver con las cada vez más habituales faltas de respeto por parte de los niños hacia sus docentes. «Siento una enorme tristeza y profunda indignidad porque parece que los monitores, maestros y otros profesores, entre otros educadores, tenemos deberes sin derechos, mientras que el alumno solo tiene derechos», escribía Ernest Casa Ribé, un maestro de secundaria, en una carta al diario *El País*.[24]

---

23. De nuevo, todos son casos reales.
24. Casa Ribé, Ernest (2015). «Cartas al director», *El País*, 26 de abril.

Generalizando, me da la impresión de que padres y madres se creen más las mentiras de sus hijos que las verdades de los docentes, que intentan hacer su tarea lo mejor que pueden. Las familias pueden cuestionar todo lo que hacen a sus hijos desde un entrenador de baloncesto hasta un profesional de la sanidad. Los niños lo ven y lo viven y son consecuentes. Estando así las cosas, los niños, desde que se levantan hasta que se acuestan, hacen lo que les da la gana.

Con vistas a practicar *puenting*

Otra de las características de la hiperpaternidad es la obsesión por la estimulación precoz: que los niños destaquen, lo antes posible, en aspectos como la lectura y la escritura, el deporte o los idiomas. Presumir de los logros del hijo es algo habitual para determinados padres («Pepito ya sabe leer, con tres años», «María está estudiando chino», «Me han dicho que Pablo tiene madera de campeón» o «Isabel sabe quién era Van Gogh»…). Las escuelas y academias especializadas en el aprendizaje precoz son las mejores vías para canalizar estas ganas de presumir.

Que hay que empezar a aprender cuanto antes, porque hay poco tiempo para desarrollar el cerebro, y que el aprendizaje en estos primeros años es como una carrera a gran velocidad son los dos principales argumentos entre los partidarios de la estimulación precoz. Otro de sus reclamos es que, gracias a sus métodos, la escuela va a extraer de su hijo *el genio* que lleva dentro. Pese a que genios en la historia de la humanidad ha habido más bien pocos, la industria de la estimulación precoz ha tenido como principal atractivo esta palabra, de la que se ha abusado bastante.

Me permito describirles la visita que hice a un colegio de este tipo, para un reportaje sobre el tema: «Todo niño es un genio en potencia y nosotros y los padres vamos a participar en su desarrollo», me aseguró la directora del centro al poco de presentarnos. El *tour* empezó en un taller de estimulación destinada a bebés de menos de un año. Se les mostraban los llamados «bits de inteligencia» o «bits enciclopédicos»:[25] series y más series de cartulinas con imágenes de retratos de reyes Tudor, obras de Van Gogh o efigies de faraones egipcios que se les pasaban al niño bien deprisa; «de atrás hacia delante», me ilustró la directora, para añadir que podían ver hasta cien «bits» al día: «De este modo, damos a los niños fuentes de información catalogadas por temas para que las asimilen casi sin notarlo, jugando», remarcó.

No sé si era un juego para el bebé de cuatro meses el que su madre le pasara retratos de Enrique VIII, una y otra vez, de atrás hacia delante y de delante hacia atrás. Iba a preguntárselo a la directora cuando reparé en que en aquel taller

---

25. Los «bits» los diseñó el pedagogo norteamericano Glenn Doman para ayudar a niños con problemas de aprendizaje, aunque hoy se utilizan hasta con bebés de pocas semanas. Lo curioso de este caso es que yo acabé en este colegio, que tenía los «bits» por bandera, debido a que una amiga mía me explicó que la dirección de este centro había invitado a marcharse a su sobrina, de cuatro años y con cierto retraso en el aprendizaje.

de estimulación precoz no solo se pasaban imágenes: había otro bebé mirando, impertérrito, una palabra escrita en grandes letras sobre una cartulina que le sostenía su madre. A mi pregunta de si les enseñaban a leer incluso antes de que empezaran a gatear, la respuesta fue un «no» de la directora: «La palabra es lo de menos: lo que es útil es el estímulo del negro sobre el blanco», matizó.

Normalmente, las guarderías son lugares acogedores, tachonados de cartulinas de colores, dibujos, móviles y mil cosas más. El ambiente en aquellos talleres, sin embargo, era más bien espartano. Un aula cercana, donde se llevaba a cabo un programa de música y motricidad, era más similar a un gimnasio de la Rumanía de Nadia Comăneci que a otra cosa. En este taller los niños ya andaban, pero no superaban los dos años. Presencié un ejercicio que consistía en dar palmas acompañando una melodía folk y contar hasta ocho (cosa que ningún niño hizo, pese al entusiasmo de las madres). Después, se trabajaban los conceptos de «dentro» y «fuera», con madres e hijos formando un corro y yendo para «dentro» y para «fuera» repetidas veces.

Después del folk, llegó la hora de la voltereta, un ejercicio que pertenecía a la categoría de los llamados «vestibulares» (aquellos que estimulan el equilibrio). El niño tenía que pasar sobre un rulo de plástico de considerable tamaño en proporción al suyo mediante la clásica voltereta.

Nunca olvidaré la explicación de la directora ante aquellas volteretas precoces: «Los niños bien trabajados a nivel vestibular no se marean nunca —me informó, para después añadir–: A los dos años ya pueden esquiar y algunos han subido a la montaña rusa sin problemas». La docente añadió que, si en un futuro practicasen el *puenting*, tampoco se marearían. Hablé también con algunas madres. La mayoría estaban encantadas de ir con sus bebés a mostrarles «bits» de la dinastía Tudor y enseñarles en grupo conceptos como «fuera» y «dentro». «Yo hago esto para que mi hijo tenga todo tipo de oportunidades», afirmaba una, refiriéndose a su bebé de siete meses. «No se estresan», aseguró otra, puntualizando –un tanto estresada– que ella «empezó tarde: a los seis meses». «No los forzamos a nada. A estas edades todo son estímulos, pero venir aquí es dárselos de forma más ordenada», añadió una tercera, cuyo bebé debutó en el taller de padres cuando era casi un recién nacido.

¿Son necesarias tantas prisas? ¿Qué tipo de estimulación es mejor? ¿Los «bits enciclopédicos» o un cubo y una pala? ¿Fichas de lectura sobre genios de la humanidad a partir de los dos años o *Caperucita roja*? La reconocida pedagoga Josefina Aldecoa, también escritora y directora del colegio Estilo de Madrid, me dejó muy claro que la precocidad no era necesaria. «Todas esas técnicas precoces no conducen a nada –me dijo–, porque a los dos años no hay que pretender que un niño aprenda a contar –algo que, añadió, puede hacer de un modo espontáneo cuando su madre le canta los *Cinco lobitos*–. A estas edades todo lo que no se haga como un juego no funciona –recalcó Aldecoa–. Un aprendizaje sistemático ni es necesario ni es interesante ni corre prisa».

Aldecoa me recordó que no hay que olvidar el interés del propio niño, el cual no tiene ninguna prisa por leer o escribir hasta que empieza a tener verdadera madurez para ello, lo que suele ocurrir a partir de los seis años. «Entonces aprende en quince días, porque es el momento». No hay tampoco que olvidar que en Finlandia, uno de los países con el mejor nivel educativo del mundo, los niños no empiezan la escuela hasta los siete años.

Las agendas repletas

La estimulación precoz también requiere que los hijos ya se lleven «deberes» a casa cuando no han cumplido ni un año... Algo contraproducente, según expertos como la citada Aldecoa, ya que estos métodos implican un estrés temprano y una pérdida de horas para algo que, en la infancia, es mucho más importante que los «bits», los ejercicios vestibulares o segundas y terceras lenguas insertadas a embudo: jugar.

La falta de tiempo es otra de las características de la hiperpaternidad. No es aventurado decir que las agendas de los niños de los países más desarrollados de principios del siglo XXI serán motivo de algún estudio sociológico en el futuro. Porque además de las muchas horas que pasan en la escuela, los niños y niñas de hoy son sometidos a un ir y venir de extraescolares que los deja sin tiempo para hacer lo que deberían hacer: jugar (y ¿por qué no?, también ¡descansar!).

Características de la hiperpaternidad

El derecho a jugar, reconocido por las Naciones Unidas, se está viendo recortado a gran velocidad. Los niños han pasado de tener tardes enteras sin estructurar, horas jugando solos en casa o con sus amigos, a tener tardes enteras estructuradas, con desplazamientos en todo tipo de vehículos para ir a clases de música, inglés, natación, ballet, arte, chino, fútbol, etcétera. También es cada vez más habitual que los alumnos, aunque no tengan dificultades especiales, cuenten con un profesor particular en casa. Y no es que las extraescolares o las clases de refuerzo sean malas, el problema es que les ponemos *demasiadas*.[26]

Pero muchos padres no hacen caso. Quieren que sus hijos brillen, cuanto antes mejor o, con toda la buena fe del mundo, desean que sus hijos «lo prueben todo», «darles el máximo de oportunidades». Y se les ha hecho creer que ir de un lado a otro durante todo el día o poder leer a los tres años es la manera... Entretanto, se quedan en el camino muchas horas de juego, quizás el mejor tesoro de la infancia, y se acumula mucho estrés.

26. Según el psicólogo David Elkind, profesor emérito de la Universidad de Tufts y autor del visionario *The hurried child. Growing up too fast too soon*, los niños de Primaria deberían tener, como máximo, tres actividades extraescolares: una social, una física y otra artística. No especifica, sin embargo, cuántas horas semanales hay que dedicarles, aunque lo lógico sería una por cada una.

Los reyes de la casa

El colegio es uno de los lugares donde la hiperpaternidad se manifiesta más claramente, pero es en el hogar donde reina. Lo de los reyes de la casa es más que cierto en las familias donde a los hijos se les da todo por el mero hecho de existir. En el estudio *Modelos de familia* se cuentan de forma sucinta las dinámicas de estos hogares, que destacan «por su nuclearidad, una cerrazón protectora en torno a sus miembros y un temor a causarles daño y no hacerles sentirse iguales a los demás». Son esos niños, por ejemplo, a los que no se les quita el pañal de la noche hasta casi la preadolescencia por miedo «a que lo pasen mal» durante el proceso. Niños que son llevados y traídos en coches cual príncipes en calesas, que en casa no mueven un dedo, pobrecitos, no sea que se hernien al hacerse la cama o ayudar a poner la mesa. Niños a los que no se los obliga jamás a acabarse el plato e, incluso, a los que no se osa darles a probar un alimento que su madre o su padre intuya que no va a gustarles (suelen ser la mayoría). Niños que son los reyes de los justificantes (si no les gusta el menú que hay en el cole, si no quieren hacer deporte…) y a los que se les ayuda, por norma, a hacer sus tareas escolares. Cuando llegan a la adolescencia, si pierden el móvil, se les compra uno nuevo de inmediato, o si tienen un accidente y destrozan el coche familiar (y tienen la culpa), tampoco cargan con las consecuencias. «Sus padres se limitan a dar gracias al cielo porque no ha se ha hecho nada», escribe Nardone.

Y ¿qué produce una crianza así? El prestigioso psicólogo estadounidense Jerome Kagan, especializado en la edad evolutiva, considera que en estos hogares en los que, con las mejores de las intenciones, «los padres y las madres no exigen nada a los hijos» es donde se encuentran más a menudo trastornos psicológicos en la adolescencia. Trastornos de tipo ansioso, obsesivo, depresivo, alimentario y fóbico. Porque, irónicamente, con tanta sobreprotección estamos creando la generación de niños y niñas más frágiles de la historia.

4.
Niños hiperprotegidos e hipermiedosos

«En los treinta años que llevo de profesión te juro que nunca había visto tantos niños con tantos miedos. Nunca. En los últimos años ha sido brutal. Hay miedos a todo y miedos fuertísimos, de parálisis», me explica la pedagoga Cristina Rodríguez Lestón. En las luminosas oficinas de su granja-escuela a las faldas del Montseny, por donde pasan diez mil alumnos cada año, me desgrana algunos de los miedos de los niños del siglo XXI: «Hay miedos a quitarse la chaqueta, a decir "no", a decir "sí", a decidir, a la comida, a perder, a los animales, a las hadas del bosque. ¡A cosas que te sorprenden! ¡Y son miedos de hiperventilación! Incluso en niños de tercero de primaria».[27]

Cristina no tiene ninguna duda en relacionar estos miedos con la sobreprotección de los padres, que avanza como

---

27. Mi favorito es el de una niña que conozco que tiene miedo a tirar de la cadena del lavabo. Cuando escribo estas líneas tiene diez años y continúa sin hacerlo sola.

una marea gigantesca e imparable. Porque en la mayoría de las ocasiones somos nosotros quienes les transmitimos los temores e inseguridades. Me da ejemplos como el de esa niña a la que, descubrieron, su madre le daba ibuprofeno cada vez que le lavaba el pelo. ¡Para prevenir que se resfriara! O el elevadísimo porcentaje de niños y niñas de segundo de primaria (entre siete y ocho años) que todavía usan pañal por la noche porque, según los padres, aún «no están preparados» para quitárselo. O esas madres que suben al autocar con sus hijos por miedo a que no están sentados junto a sus amiguitos y, si no lo están, intervienen. O alguna que ha telefoneado (a un lugar llamado La Granja) preguntando si hay actividades donde no haya animales porque a su hijo «le dan mucho miedo».

«La sobreprotección provoca todo esto, incluso en adolescentes –continúa Cristina–. Yo he tenido niños de segundo de ESO, es decir, con trece y catorce años, que no vienen por miedo a que no les guste la comida...».

Cristina es madre de dos hijos y conoce y entiende los miedos que implica este rol: «En el momento en el que nace la criatura te viene la inseguridad –explica–, pero el miedo no es el que debe gobernar una crianza».

¿Quién educa a tus hijos?

Siempre que tiene que lidiar con padres agobiados por los miedos, Cristina les hace la siguiente pregunta: «¿Quién queréis que eduque a vuestro hijo o hija; vosotros o vuestros miedos? ¡Se quedan pasmados! –asegura–, pero es fundamental que los padres sepan que sobreproteger es desproteger». El miedo es una emoción básica, ancestral y, en ocasiones, necesaria para la supervivencia. Por su intensidad es también una emoción muy manipulable y susceptible a aumentar de forma desmesurada, sin que nos demos cuenta... En su libro *Cotton wool kids*,[28] la psicoterapeuta irlandesa Stella O'Malley denuncia «la cultura del miedo» imperante con respecto a los niños. En su opinión, esta cultura es una de las causas de la hiperpaternidad actual. Ella la experimentó cuando, entre 2007 y 2009, tuvo a sus dos hijos. Recuerda que cuando comunicaba, con una enorme sonrisa, la buena noticia, esta pronto empezaba a congelársele en los labios «a causa de la abrumadora avalancha de consejos bienintencionados pero francamente aterrorizantes que recibía por todas partes» respecto a todo lo que tenía que hacer con el fin de salvaguardar a los niños que iban a nacer.

La especialista también se quedó parada al descubrir la inacabable gama de artilugios diseñados para proteger a los pequeños de infinidad de posibles peligros. En la que quizás es la era más segura para crecer y desarrollarse en plenitud, los bebés del siglo XXI vienen con un fajo de instrucciones bajo el brazo para poner en marcha sofisticados sistemas para controlar su respiración, con colchones de cuna reco-

28. O'Malley, Stella (2015). *Cotton wool kids. What's making Irish parents paranoid?*, Irlanda, Mercier Press.

mendados por la Asociación contra la Muerte Súbita, aplicaciones de móvil para monitorear sus constantes vitales, cascos homologados por otra asociación para cuando empiecen a caminar, verjas, protectores de esquinas, de enchufes y todo tipo de artilugios, que suelen ser carísimos, diseñados a prevenir lo que implícitamente es un destino fatal.

El 2007, recuerda O'Malley, fue el año de la desaparición de Madeleine McCann,[29] una noticia que alimentó durante meses las páginas de la insaciable prensa británica y, de rebote, la de su homóloga europea. Para O'Malley, el caso de la pobre niña añadió más leña al fuego de la cultura del miedo. Los medios de comunicación se volvieron, literalmente, locos. Unidos al gusto natural del público por las historias truculentas, el caso McCann derivó en la sensación de que el mundo era un lugar muy inseguro. En especial, para los niños.

Como en una gigantesca operación de *marketing*, sostiene la psicoterapeuta, el miedo es instilado de diversas formas a los nuevos padres, que pueden llegar a ver el mundo como una amenaza para sus hijos. Este miedo es, a su vez, debidamente transmitido a la prole, que crece con más temores que nunca.

29. La niña inglesa Madeleine McCann, de tres años, desapareció sin dejar rastro el 3 de mayo de 2007 de su habitación del apartamento de Praia da Luz, en el Algarve, Portugal. Madeleine dormía con sus dos hermanos, más pequeños. Sus padres estaban cenando con unos amigos en un restaurante a cincuenta metros del apartamento y fueron a echar más de un vistazo a los niños durante el transcurso de la cena hasta que a las 22 h descubrieron que Madeleine no estaba. Sigue sin haber ni un rastro de la niña, cuya desaparición ha sido, según *The Daily Telegraph*, la más publicitada de la historia.

Los niños ya no van solos

Toda esta cultura del miedo, que implica un negocio importante, no lo olvidemos, ha resultado en varias cosas. La primera: cada vez hay menos niños que van solos. ¿Se han fijado?

Todavía recuerdo la emoción que experimenté cuando, tras mudarme de casa, descubrí en la escalera de nuestro nuevo edificio una *rara avis*, una especie que está prácticamente en peligro de extinción en el llamado «primer mundo». Volviendo de la escuela con mi hija coincidimos en el rellano de la escalera con A., una vecina de diez años. Nos quedamos paradas y admiradas cuando la vimos salir, muy decidida, del ascensor, sacar una llave del bolsillo y abrir la puerta de su casa. Sola. En 2015 una niña de diez años, residente en Barcelona, volvía sola de la escuela.

Nos explicó que lo hacía cada martes, porque su madre tenía que acompañar a su hermano pequeño a no sé dónde. Debo decir que el colegio de A. está muy cerca de su casa, en el camino apenas hay que cruzar calles en las que casi no circulan coches, pero creo que ello no le resta valor a lo que hoy es un hito: ¡una niña yendo sola por la calle! ¡En una ciudad, en el siglo XXI!

Un par de días después, haciendo cola en la caja de un supermercado, reparé en un niño de unos ocho años, solo, comprándose un dónut y cargando unas cajas de cartón. Imaginé (con la experiencia que da una mudanza reciente) que la madre o el padre lo habrían mandado a por cajas con la compensación de un dónut como premio. Me pareció emocionante. ¡Otro niño pequeño, haciendo algo solo, en Barcelona, en el siglo XXI! Le comenté algo sobre las cajas, pero el niño no me respondió (me imagino que tenía estrictas instrucciones de «no hablar con desconocidos»). Había visto dos niños haciendo cosas por sí mismos, en la calle, con apenas tres días de diferencia. Me dije que, cuando viese un tercero, escribiría un artículo en mi blog sobre el tema.

Pero pasaron los días y no apareció ese tercer niño, ratificándome que lo que vi fue la excepción que confirma una nueva regla: los niños y niñas hoy en día no van solos. Sí, lo sé. Las ciudades están infestadas de coches. En especial, a las salidas de los colegios, trufadas de esos enormes 4×4 que algunas madres conducen para *proteger* a sus hijos (y fardar un poco también, no nos engañemos). Caminar ya no se lleva. En mi antigua escuela, por ejemplo, la acera por la que circulábamos los niños y niñas que íbamos andando desapareció hace años. ¡No hay acera! Primero la hicieron intransitable dejando que se la comiera el seto que crecía junto a ella. Hoy ha sido reemplazada por una especie de lanzadera para desembarcar a los niños que llegan en coche particular o en el batallón de autocares que cada mañana invade la zona. Los cuatro gatos que van a pie o en transporte público… que se apañen.

El niño que va andando solo al cole es una especie en vías de extinción en el primer mundo. Ya se ha cuantificado en países como Irlanda: en su libro, Stella O'Malley explica que, pese a que un 40 % de los niños vive a medio kilómetro de la escuela y un 70 % a algo menos de dos, el 60 % de los niños de nueve años van al colegio en coche (frente al 1 % que va en bicicleta).

Pero no solo eso: en el mundo anglosajón que, nos guste o no, va a la delantera del latino en lo que a dinámicas sociales se refiere, los padres que animan sus hijos a ir solos se han convertido en unos apestados o, directamente, en delincuentes.

Me explicaré: en su libro, O'Malley cuenta el escándalo nacional que se formó cuando dos padres londinenses permitieron que sus hijos de cinco y ocho años fueran en bicicleta, solos, al colegio. El centro estaba a poco más de un kilómetro de su casa y Dulwich, el barrio donde residen, es bastante tranquilo (doy fe). Sin embargo, el matrimonio sufrió un montón de ataques verbales y virtuales por su osadía y el director de la escuela amenazó con denunciarlos a los servicios sociales por negligencia.

Algo similar le sucedió a la periodista neoyorquina Lenore Skenazy en un caso ya célebre, cuando, en 2008, escribió un artículo explicando que había permitido que su hijo, de nueve años, cogiera el metro solo en Nueva York.[30] Fue

---

30. En 2008, Leonore Skenazy dejó que su hijo de nueve años volviera solo desde los grandes almacenes Bloomingale's de Nueva York hasta su casa. El niño llevaba tiempo pidiéndoselo y, tras hablarlo con su esposo, consintieron. No lo dejaron ir así como así, por supuesto: le dieron un mapa, una tarjeta de metro, monedas para llamar en caso de emergencia y 20 dólares. «Mi hijo sabe leer un mapa, habla el idioma y somos neoyorquinos —además, añade—: si hubiera necesitado pedirle indicaciones a alguien —cosa que sucedió—, no pensamos que esa persona fuera a decir: "Ostras, me iba a ir a casa con mi nueva y estupenda camisa de Bloomingdale's, pero creo

apodada «la peor madre del mundo», entre otras cosas. Convencida de que no había hecho nada malo, sino potenciar la autonomía de su hijo, Skenazy montó la web Free Range Kids[31] y se ha convertido en una activista por el derecho a que los niños se eduquen sin una constante supervisión.

Una rápida búsqueda en Google demuestra que en Estados Unidos hay una auténtica paranoia con el hecho de que los niños vayan solos por la calle. Leo en la web de la CNN que una familia de Maryland «está siendo investigada» por permitir que su hijo de diez años y su hija de seis «caminaran solos volviendo del parque, un sábado por la tarde». No es un caso aislado, comenta Kelly Wallace, la autora del artículo, sino el último de una lista cada vez más abundante de denuncias a padres por permitir que sus hijos vayan solos por la calle. La crónica habla de «una madre de Carolina del Sur arrestada por dejar a su hija de nueve años jugando en el parque» y de otra de Florida «arrestada por dejar que su hijo de siete años caminara solo al parque».

«¿Soy yo o a las cosas se han salido de repente de quicio si hoy los padres están siendo detenidos o investigados por hacer lo que, hace solo unas décadas, era totalmente normal y apropiado?», se pregunta la periodista.

Lo cierto es que, hace unas décadas, lo que estaba mal visto eran esos padres que se pasaban todo el día detrás de

---

que, en cambio, voy a secuestrar a este niño adorable"». El niño, cuenta, llegó a casa 45 minutos después, «feliz de la vida por su independencia».

31. Véase <www.freerangekids.com>.

sus hijos, mientras que hoy lo anormal empieza a ser que no estés encima del crío constantemente o que le dejes ir andando solo a la escuela. Una amiga me cuenta cómo a su hermana, madre soltera de una niña de diez años, los padres de los compañeros de su hija la han criticado por su decisión de permitir que la niña vaya sola hasta casa de su abuela (a doscientos metros del centro). «Estás loca», «¡Con todo lo que le puede pasar!», son algunos de los comentarios que recibe. Lo cierto es que llevar o recoger a tus hijos del cole es algo muy agradable, pero no siempre es posible. Además, ir andando solo a la escuela es una parte importante del dejar ir, de ese aprendizaje de la autonomía que los padres hemos de inculcar a los hijos. Pero en estos tiempos, a veces, para dar ese salto se necesita un estímulo externo. Fue lo que le ocurrió a M., otra amiga, que llevaba tiempo planteándose si ya era hora de dejar que su hija, de doce años, fuera sola a la escuela. El estímulo llegó cuando ambas fueron a ver la película documental *Camino a la escuela*, donde el director francés Pascal Plisson sigue los pasos de cuatro niños de diferentes países que se enfrentan diariamente a todo tipo de adversidades y peligros para llegar a su centro educativo (como montar a caballo durante horas, cruzar la sabana trufada de leones y jirafas y arrastrar una silla de ruedas durante un trayecto interminable). Fue salir del cine y tomar, sin dudarlo, la decisión: desde entonces, la niña sale de casa, camina unos dos minutos, coge el metro y, tres paradas después, baja, sube las escaleras mecánicas, cruza una calle y llega al cole. A muchos de sus compañeros les sorprende que la dejen ir sola.

5.
¿Cómo son los niños híper?

Ya dijo Cristina Gutiérrez Lestón en el capítulo anterior que sobreproteger es, en el fondo, desproteger. Los hijos criados entre algodones, a los que se les soluciona todo, defendidos a capa y espada por sus madres-tigresas y sus padres-leones, son niños que crecen siendo incapaces de resolver los problemas por sí solos.

También son niños que, al ser el centro de las existencias de sus padres desde que nacen, al recibir de premios y regalos no por los resultados que obtienen sino por el mejor hecho de existir, se consideran extraordinarios, «especiales». Todo ello hace que tengan una gran probabilidad de convertirse en pequeños prepotentes, pero, a la vez, sean incapaces de afrontar un obstáculo por sí solos: una combinación ciertamente explosiva.[32]

La debilidad es otra de las consecuencias de la sobreprotección. «Los padres me dicen: "Si mi hija llora en las colonias, avísame, que iré a buscarla", o "A mi hijo le hago yo los

---

32. El psicólogo Giorgio Nardone la describe como de «estúpida omnipotencia».

deberes porque, el pobre, va tan cansado por la tarde..."»,
cuenta Cristina Gutiérrez Lestón. Ella entiende que para un
padre o una madre «es difícil soportar la mirada de tristeza
o de derrota de su hijo». Pero asegura: «Cada vez que, por
miedo a que sufra, a que no tenga amigos, a que no pueda, a
que suspenda, le haces alguna cosa que él o ella puede hacer,
lo estás haciendo más débil y dependiente de ti».

La sobreprotección, reitera, «impide aprender uno de los
recursos fundamentales en la existencia: saber buscarse la
vida, tener capacidad de reacción ante las frustraciones y los
contratiempos».

«Es que tiene baja tolerancia a la frustración»

La baja tolerancia a la frustración es otra de las consecuencias de este tipo de crianza. Hoy es un concepto muy en
boga. De hecho, la frase «Es que tiene una baja tolerancia a
la frustración» se ha convertido en un argumento recurrente
para que muchos padres justifiquen ciertas actitudes inacep-
tables de sus hijos.

Así, el niño o la niña chilla, se tira por el suelo, rompe
cosas, pega, escupe, da patadas, no presta los juguetes al ami-
guito, llora porque no le salen los deberes tras un primer y
brevísimo intento, se enfada y abandona el juego si pierde
o no sale elegido, un comportamiento que resulta insoportable (incluso para los propios padres), pero son estos los
que lo justifican con una frase mágica, que hace tiempo que

se viene escuchando: «Es que tiene una baja tolerancia a la frustración».

¿Perdón? ¿Qué quiere decir con eso? ¿Que tiene una enfermedad? ¿Un nuevo síndrome (el síndrome-de-la-baja-tolerancia-a-la-frustración), que aparece con los primeros fríos o con los primeros calores? ¿O es más bien una especie de alergia primaveral (una *alergia* a la frustración)? ¿Un estado irremediable con el que los padres no tienen nada que ver?

Esta frase, hoy casi un mantra, es otra de las derivadas de la sobreprotección. De nuevo, con toda la buena voluntad del mundo (pero cometiendo a la vez un error monumental), muchos padres y madres quieren evitar a toda costa que sus hijos experimenten esa sensación incómoda, desagradable incluso, que es la frustración. Eso que el diccionario describe como «la acción y efecto de privar a alguien de lo que esperaba».

La frustración (para qué engañarnos) es muy pesada. Tremendamente frustrante. Escribir un texto y que no te salga. Enamorarse de alguien y que no te corresponda. Participar en una carrera y no ganar. Preparar un pastel y que no suba al hornearse. Empezar un puzle y ser incapaz de acabarlo. Que no te inviten a esa fiesta a la que ansías ir. Que no te compren el nuevo par de bambas de Messi. Que llueva cuando querías que hiciera sol. Que no te pregunten lo que querías que te preguntaran (o lo único que habías estudiado) en el examen… La lista es infinita, porque la vida está llena de frustraciones. Algunas pequeñas, como que se te rompa el cochecito con el que estabas jugando. Otras enormes, inmensas, como que se muera un ser querido.

«La baja tolerancia a la frustración» sirve tanto para justificar malos comportamientos como malas notas y caprichos de todo tipo. Una frase que, además, ha traspasado las fronteras de la familia y la escuela para pronunciarse, como me cuenta la pedagoga y experta en derecho María de la Válgoma, en las consultas de los psicólogos. Estos profesionales, observa, «te dicen que, como a nuestros niños no les hemos exigido nada, tienen una falta de resistencia absoluta a la frustración... Las consultas están llenas de esto». De la Válgoma, autora, entre otros, de *Padres sin derechos, hijos sin deberes*[33] –donde denuncia la sobreprotección y la institucionalización de la educación de los menores–, lo ve también a diario con muchos de sus alumnos de la Facultad de Derecho, incapaces de asumir sus responsabilidades.

«Hoy, algunos padres van a los coles y pegan a los profesores, esto es insólito», denuncia María. Para ella, al aplicar esta filosofía de «a mi niño que no me lo toquen» o «que no le digan nada porque se frustra», les estamos haciendo un flaquísimo favor a los pobres niños; les estamos idiotizando.

Que el niño no llore, no se haga daño, no se caiga, no se traumatice por comer o hacer algo que no le gusta... Explica Maribel Martínez que detrás de todas estas pretensiones hay unos padres bienintencionados. Sin embargo, educarlos

33. De la Válgoma, María (2013). *Padres sin derechos, hijos sin deberes*, Barcelona, Ariel.

así, quererles evitar a toda costa el sufrimiento, el dolor de la vida, no funciona «porque en el camino se pierden aliados tan vitales como son la adquisición de responsabilidad y el aprendizaje de la autonomía».

Estas son otras dos de las «gravísimas consecuencias», como define esta especialista, de una crianza en la que se ve normalísimo que el niño tenga una baja tolerancia a la frustración. Una manera de hacer que produce niños con un umbral de resistencia a la frustración tan bajo que, «cuando ven que algo no funciona o que no se están cumpliendo sus expectativas, se hunden». Además, los niños con baja tolerancia a la frustración son, lógicamente, mucho más propensos a sufrir miedos.

El problema, si no se ataja, puede agravarse en la adolescencia, porque «un adolescente que no tiene tolerancia a la frustración es un adolescente conflictivo, que puede llegar a deprimirse porque la vida le resulta insoportable», afirma Martínez. Es un adolescente que, en el momento en el que surge un conflicto con sus iguales, «no sabe cómo gestionarlo, porque nunca le han enseñado». En consecuencia, son chavales que pueden tener problemas de sociabilización y de comportamiento. «Para ellos, todo es un problema, porque en el día a día estamos rodeados de continuas frustraciones, de muchas cosas que no pueden ser. Por lo tanto, al no estar acostumbrados, la vida se convierte en algo insoportable».

En *Modelos de familia*, Giorgio Nardone observa que en la adolescencia de los niños sobreprotegidos aparecen «toda una serie de problemas o trastornos psíquicos y de comportamiento sobre la base de la incertidumbre, la inseguridad y el menosprecio». ¿Las razones?: «Estos jóvenes, conscientes o inconscientes, no creen en sus capacidades y, por consiguiente, no logran asumir riegos ni, aún menos, responsabilidades».

Las frustraciones son parte de la vida. Por eso, es tarea de los padres educar a los hijos en su aceptación: entrenarlos a encajarlas. ¿Cómo? Con límites, con «nos» consistentes y sin intervenir a la mínima que tienen un problema. Hay que darles armas para enfrentarse a la frustración, no esquivarla con excusas, medallas de consolación o coches irrompibles. En especial, no esquivarla esgrimiendo «la baja tolerancia» del hijo o hija como si fuera una enfermedad crónica e inevitable: un nuevo síndrome que no tiene nada que ver con los padres y la educación que procuran a sus hijos.

¿Qué pasó con el esfuerzo?

Evitar las frustraciones, que el niño sea feliz a toda costa, es también una forma de evitar el esfuerzo, un concepto cada vez más *démodé* en la cultura del hasta hace poco opulento Occidente. «En los países mediterráneos estamos continuamente ensalzando su inteligencia y su belleza y lo único que estamos creando son niños narcisistas. ¿Por qué no lo hacemos al revés y alabamos su capacidad de esfuerzo?», propone Gregorio Luri.

Aprender divirtiéndose, sin esfuerzo, son algunos de los *mottos* de muchas escuelas y centros educativos alternativos, que atraen a muchos padres. En algunos no hay ni notas ni exámenes. En otros, el libro es prácticamente una imposición e, incluso, se trabaja con libros que elaboran los propios alumnos. Hay colegios que abogan por la libertad absoluta, siguiendo la estela de Summerhill, una escuela inglesa donde los alumnos pueden incluso escoger si ir o no a clase.[34]

También hay centros «libres», donde los niños se pasan el día en el patio, bajo la atenta vigilancia de arrobados maestros. Si, de repente, el niño o la niña siente interés por algo (pongamos que coge una piedra y pregunta: «¿Para qué sirve?»), el docente está allí, dispuesto a explicarle. Pero el interés siempre debe venir de parte del niño, no del maestro: si este quisiera enseñarle algo sin requerimiento previo, sería (¡horror!) una imposición. De este modo la criatura se convierte, de nuevo, en el centro del mundo.

Hay muchas incoherencias en los esfuerzos que hacen muchos padres para evitarles a sus hijos el esfuerzo. Los hay dispuestos a pagar fortunas en escuelas alternativas, donde no se les presione ni coarte su creatividad y libertad y los hay

---

34. La escuela fue fundada en 1921 y fue una auténtica revolución contra el estricto sistema educativo inglés. Hoy continúa rigiéndose por los mismos principios de dar libertad al alumno para ir o no a clase, decidir todo por asamblea, etcétera. Sin embargo, en 2013 su directora comentaba al diario *The Guardian*, en un artículo titulado «Summerhill: these days surprisingly strict», que hoy pasan mucho tiempo poniendo límites a los niños, que vienen de casa sin ninguno.

dispuestos a pagar fortunas para que vayan a escuelas donde prometen exprimir al máximo sus capacidades, pero, a la que se le exige un poco a su niño o niña o se cuestiona algo de ellos, se ponen como fieras.

Ambos ejemplos son los extremos de un sistema que, como comenta Gregorio Luri, no les está haciendo ningún favor a los niños. El pedagogo recuerda que en la vida real, cuando se analizan los resultados de niños de distintas culturas, «los que tienen mejores resultados son los que vienen de las basadas en el esfuerzo: jamaicanos, judíos, asiáticos». Y es que Europa, como me comenta el director de una escuela barcelonesa, ha cometido un error gravísimo sobreprotegiendo tanto a sus hijos. «Porque Europa ya no manda y ahora viene una competencia en forma de jóvenes de otros países, mucho más fuertes y preparados, algunos con experiencias durísimas a sus espaldas y con una capacidad de frustración y trabajo muy superior a la de nuestros jóvenes», advierte.

Educar no es solamente ofecer al niño o la niña oportunidades de aprender lo más de lo más para llegar a ser un alto ejecutivo. La educación, reitera Gregorio Luri, «es un proceso de formación de carácter interno, de creación. Aprender cosas no significa adquirir herramientas para ganarte la vida, sino para hacerte a ti mismo de una determinada manera». El reputado pedagogo José Antonio Marina también cree que hay cierta confusión alrededor de lo que significa. «Porque la educación –argumenta– es la suma de la instrucción (los conocimientos adquiridos) y de la formación de carácter; es decir, los recursos para ejecutar esa instrucción, como la constancia, el esfuerzo y la capacidad de frustración». Marina cree que esta última parte de la ecuación está siendo olvidada, por lo que «hay personas con muchos másteres pero sin los recursos fundamentales que les sirvan para aprovecharlos».

Cuando entrevisté a José Antonio Marina para el primero de mis artículos sobre la hiperpaternidad,[35] el filósofo coincidía con otro de los entrevistados, Carl Honoré, en que todo este *management* de los hijos, ese estar encima, se hace a menudo en detrimento de otro aspecto esencial de la educación: la disciplina. «Derrochamos tiempo, dinero y energía en ayudar a nuestros hijos a construir un currículo demoledor desde muy pequeños, pero tendemos a ser bastante poco firmes en el frente de la disciplina. Los padres tenemos que recuperar el arte de decir "no"», afirmaba Honoré. Porque si los niños, desde la cuna, se sienten el Rey Sol, se comportarán (si no se ponen límites) como tal.

Estrés y fracaso precoz

José Antonio Marina me comentaba que la pérdida de la autoridad paterna hace que, en muchos casos, se abandone la dirección de los hijos en la adolescencia, cuando el hijo

---

35. Millet, Eva (2008). «¿Padres o mánager?», *La Vanguardia Magazine*, septiembre.

ya no se deja manejar. El resultado son jóvenes sobrados de conocimientos pero faltos de límites, de empatía, de recursos para buscarse la vida y aceptar frustraciones (de ese *carácter* del que habla). Personas ahora difíciles de manejar y a las que, como reflexiona Honoré: «Corremos el peligro de abandonar a Internet, sus amigos y la cultura consumista en un periodo en el que necesitan, más que nunca, nuestro apoyo y nuestra dirección».

Marina también observaba que «hay padres tan preocupados por el éxito académico de los hijos que los abruman». Desde Estados Unidos, Madeline Levine ha visto a miles de estos niños agobiados. En su libro, la psicóloga cita un estudio[36] que revela que, mientras que tradicionalmente los niños han tenido como su principal fuente de estrés los problemas familiares o con sus compañeros, la escuela y los resultados académicos los han sustituido en los últimos años.

Otro estudio, titulado «Educación y clase media» y llevado a cabo en el Reino Unido en 2003, siguió a 350 estudiantes de colegios de élite y concluyó que «los padres y los centros que ponen tanta presión en los estudiantes para que triunfen hacen que estos, en su mayoría, crezcan sintiéndose fracasados». El estudio también observó que la presión hace que «la educación se convierta en una experiencia desagradable». Muchos maestros perciben también una desgana a la hora de aprender, en edades muy tempranas. Como si ya

---

36. KidsHealth KidsPoll (2005). *Kids and stress, how do they handle it?* National Association of Health Education Centers.

estuvieran quemados… Lo que no sorprende si se tiene en cuenta que hay niños tan cargados de extraescolares desde muy pequeños que ya no les queda energía para mucho más. ¿Qué hay que hacer, entonces? ¿Qué correteen libres como en Summerhill o que aprendan a leer cuando son bebés? Pues ni tanto ni tan calvo. Tomemos el ejemplo de Finlandia, país modélico por su sistema educativo, que hace años que está en los primeros puestos del informe Pisa de educación. Entre otras cosas, los escolares finlandeses son los mejores del mundo en lectura y escritura, y eso que aprenden a leer a los siete años, edad en la que inician la escuela.

¿Qué se hace con los niños hasta entonces? El psicólogo y pedagogo Xavier Melgarejo, también autor de esta casa,[37] me explicaba que en Finlandia «los niños son considerados como un tesoro y así se cuidan durante esos primeros años de vida». Gracias a las ayudas gubernamentales, la armonización entre la vida laboral y familiar es posible, y más de la mitad pasan esos primeros años en sus casas, con su familia o con cuidadoras a cargo del estado.

Melgarejo revela que en todos los países nórdicos, aquellos niños que pasan más tiempo en casa obtienen mayor competencia lectora. Y es que allí la familia, no la escuela, se considera la principal responsable de la educación de sus hijos.

Aquellos que van a la guardería reciben estimulación, «pero basada en el juego. En Finlandia no han oído hablar de Kumon ni de "bits"…», me comentaba, riendo. También

37. Melgarejo, Xavier (2013). *Gracias, Finlandia*, Barcelona, Plataforma.

hay un trabajo importante de psicomotricidad y, sobre todo, de socialización: se intenta que los niños tomen conciencia de los otros, que se sientan queridos y se acepten a ellos mismos. «En estas edades los profesores (un colectivo muy valorado socialmente) son gente muy empática, que conecta muy bien emocionalmente con ellos».

Por otro lado, Melgarejo destacaba la extraordinaria labor sanitaria que realiza el gobierno finlandés durante los primeros siete años de vida: la detección precoz de problemas como la hiperactividad es común. Así, los niños entran en el colegio escudados por un trabajo sanitario y emocional muy fuerte, «están listos para que se les exija». Porque, me explicó después, se les exige, y mucho.

6.
Test: ¿es usted un hiperpadre o una hipermadre?

1. ¿Tenía ya un plan trazado para las vidas de sus hijos antes de que nacieran?
2. ¿Considera que se han convertido en el eje de su existencia?
3. ¿Encuentra la paternidad o la maternidad más agotadora de lo que imaginaba?
4. ¿Su agenda familiar la marcan las actividades de sus hijos?
5. ¿Nota que en el día a día no llegan a todo, ni usted ni sus hijos?
6. ¿Sus hijos menores de doce años tienen más de tres tardes ocupadas a la semana?
7. ¿Les hace fotos con frecuencia y las cuelga en las redes sociales?
8. ¿Sus hijos necesitan que usted esté con ellos para dormirse?
9. ¿Sufren miedos habitualmente?
10. ¿Al recogerlos en el cole, carga automáticamente con su mochila?

11. ¿Los ayuda con los deberes (o se los hace) por sistema?

12. ¿Se siente culpable por no darles a sus hijos todo lo que piden?

13. Con frecuencia, ¿habla en plural cuando se refiere a sus hijos?

14. ¿Ha excusado alguna vez a su hijo diciendo: «Es que tiene una baja tolerancia a la frustración»?

15. ¿Compara lo que hacen los hijos de los otros con lo que hacen los suyos?

16. ¿Llama a sus hijos —o le llaman ellos— varias veces al día?

17. ¿Sus hijos tienen profesor de refuerzo, aunque no lo necesiten?

18. ¿Los presiona para que hagan las actividades que usted quiere que hagan?

19. ¿Discrepa a menudo con los maestros o entrenadores de sus hijos?

20. ¿Sus hijos se aburren con frecuencia?

21. ¿Sus hijos colaboran regularmente en las tareas del hogar?

22. ¿Está satisfecho con la escuela de sus hijos?

23. ¿Sus hijos comen de todo?

24. Como familia, ¿tienen algunas tardes libres, sin nada planificado?

25. ¿Acepta con deportividad que el equipo de sus hijos pierda?

26. ¿Sus hijos son capaces de distraerse solos, sin supervisión adulta?

27. ¿Sus hijos de más de doce años saben hacerse solos la comida?
28. ¿Acepta que tomen una decisión por sí solos, aunque no la crea adecuada?
29. ¿Su hijo adolescente se despierta por sí solo por las mañanas?
30. ¿Les dice NO a sus hijos como mínimo una vez al día?

(Puntuación: del 1 al 20, por cada SI, 1 punto / del 21 al 30, por cada NO, 1 punto).

Entre 0 y 5 puntos: usted no es ni un hiperpadre ni una hipermadre; seguro que le critican.

Entre 5 y 10 puntos: en sintonía con los tiempos, usted practica la hiperpaternidad de tanto en tanto.

Entre 11 y 20 puntos: es usted un hiperpadre o hipermadre «moderado» pero con peligro de convertirse en uno a tiempo completo (en especial, si ha contestado sí a las preguntas 1, 4, 11, 14 y 19).

Más de 20 puntos: es hora de que empiece a dejar un poco en paz a sus hijos.

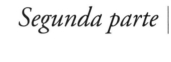

Segunda parte |

7.
¡Relájese!,
practique el *underparenting*

El *underparenting* –o el hacerle menos caso a los hijos– puede empezar con algo en apariencia tan simple como es la mochila. Cada tarde, en miles de puertas de escuelas, se produce un gesto cotidiano que define perfectamente cómo se ha trasformado la paternidad hoy en día. El niño o la niña salen del cole y, sin mediar palabra, lo primero que hacen es tenderle la mochila a la madre, al padre o a la persona que haya ido a buscarlos. Cada tarde, en miles de puertas de escuelas, madres y padres van cargados como mulas y mulos con las mochilas, los instrumentos o las bolsas de deporte de sus hijos. A su lado, sus retoños caminan grácilmente, libres de todo peso, pobrecitos.

El de la mochila es un ejemplo que siempre siempre aparece cuando hablo de la educación actual con maestros y pedagogos. Es un gesto recurrente que incluso ha sido protagonista de un video clip.[38] Lo produjo la granja-escuela de Cristina

---

38. Véase <http://www.lagranja.cat/ca/activitats/la-motxilla-video>.

Gutiérrez Lestón y tiene como título: «Sí, puedo». La idea es hacerles entender a esos padres que llevan la mochila a sus hijos de casa a la escuela y de la escuela a casa que hay que dejar de hacerlo. Porque con este detalle diario, observa Cristina, el mensaje que recibe el hijo es el siguiente: «Te la llevo yo porque tú no puedes». Y ¡por supuesto que puede! Si van muy cargados, Cristina sugiere sacar algunos libros y llevárselos, pero lo de cargar la mochila del hijo como norma: ¡no!

«Lo que hay que decirles es: "Cariño, la llevas tú, porque es tuya" –explica–. Porque mientras haces esto, lo estás entrenando en dos habilidades: la autonomía (*yo puedo*) y la responsabilidad (*de lo mío, respondo yo*)».

En los últimos tiempos también se ha normalizado que los niños interrumpan en las conversaciones de los adultos. Estás hablando con unos padres del cole, por ejemplo, o con unos amigos, o con tus suegros, y el niño o la niña corta la conversación (con un «Me aburro», un «Quiero irme» o cualquier otro comentario).

En mis tiempos, esta interrupción habría sido recibida:

1. Con total indiferencia por parte de los adultos. Como si hubieran oído llover, vaya.
2. Con un escueto: «Tú, calla».
3. O con un «No te metas en las conversaciones de los mayores».

Hoy, sin embargo, la tendencia es responder al niño que interrumpe:

1. Con una sonrisa arrobada, de orgullo indisimulado.
2. Dejando de lado la conversación adulta para centrar toda la atención en lo que el niño o la niña (normalmente, el propio) tengan que anunciarnos.
3. En consecuencia, se olvida por completo la conversación con el adulto.

Tampoco es cuestión de no escuchar, jamás, al niño. Los niños tienen derechos, y voz, por supuesto, y debemos prestarles atención y conversar con ellos. Pero ello no significa que no sepan que interrumpir conversaciones ajenas está considerado como algo de mala educación y que, a veces, no todo lo que dicen es tan interesante como para dejar cualquier otro tema de lado y concentrarnos al cien por cien en ellos.

Demasiadas preguntas

Pero, claro, a unas criaturas a las que, desde muy pequeñas, se les ha preguntado prácticamente todo, les resulta difícil no entender que cualquiera de sus opiniones, observaciones o quejas no sean de vital trascendencia para sus padres.

Otra de las tendencias actuales en la crianza es la de preguntar a los hijos constantemente. Pero no cosas tipo: «¿Cómo estás?», «¿Qué tal ha ido el día?» o «¿Queréis más postre?». No. Cada vez son más los padres que les preguntan cosas a sus hijos que estos no están en posición de responder.

Hiperpaternidad

El ejemplo más claro lo viví en una cafetería de Barcelona. Una tarde, entraron un padre y su hija de la mano. La niña, que debía de tener un año y medio o dos, lloraba y lloraba. No era un llanto de aburrimiento o de mimada, sino un llanto genuino. Efectivamente: el padre informó a la camarera, una vez aposentó a la niña en el taburete frente a la barra, que su hija acababa de caerse. Estaba un poco nervioso. A su hija, le informó a la camarera, le estaba saliendo un chichón en la frente... «¿Tendría un hielo?», le preguntó. La niña continuaba con su llanto, ahora ya completamente desolado. El padre, mientras esperaba que le diesen el hielo, le preguntó:

—¿Qué quieres tomar?

Frente a la niña había un mostrador con dónuts, cruasanes de mantequilla y de chocolate, bocadillos de jamón, de queso y de chorizo, magdalenas simples y salpicadas de chocolate, bolsas de patatas, Cheetos y almendras. La niña no contestó, seguía llorando.

—¿Quieres un cruasán de chocolate?

La niña seguía sin responder. Lloraba y lloraba, así que el padre, aprovechando que le habían traído el hielo envuelto en una servilleta, pidió un cruasán de chocolate a la camarera. Entonces, volvió a preguntarle a la niña:

—¿Quieres un poco de hielo?

Si la niña hubiese sabido que el hielo, tras darse un golpe, es un remedio casero para parar la inflamación, quizás le habría contestado que sí. Pero como las niñas de esta edad normalmente desconocen los usos del hielo envuelto en servilletas y su padre tampoco le había informado de ello, siguió llorando y sin contestar.

–¿Quieres aguantarte tú el hielo?

Tampoco hubo respuesta. Solo un hipido.

–¿Quieres que te lo aguante yo?

Hipidos y el mismo llanto desolado. El padre, mientras le aguantaba el hielo sobre la frente, consiguió sacar el móvil de su bolsillo:

–¿Quieres que llamemos a mamá?

La niña seguía sin contestar. Lloraba. El padre llamó a su mujer. Al hablar con ella, le cambió el tono de voz por completo. Hasta ahora, su voz, cada vez que se dirigía a su hija, era aguda, un punto infantil. Con su cónyuge era adulta y seria. Le informó de que su hija se había «dado un tortazo tremendo» en la calle. Sí, iba con él, de la mano, pero se había caído. Un tropezón. No sabía bien cómo… «Tiene un chichón enorme en la frente», añadió, para después dirigirse a la niña –cambiando automáticamente el tono de voz–, y preguntarle:

–¿Quieres hablar con mamá?

Aquí sí que la niña supo perfectamente lo que le preguntaban. Cogió el móvil del padre y contestó con monosílabos, más hipidos y algún sollozo a las preguntas de su madre. El intercambio apenas duró medio minuto. El padre, esta vez sin preguntar, le cogió el móvil a la niña, se despidió de su esposa y colgó. Fue entonces cuando la camarera, que estaba pasando el trapo por la barra, comentó en voz alta que, realmente, la niña tenía «un chichón grandísimo». Pese a que eran casi las mismas palabras que él acababa de utilizar en la charla con su mujer, el padre no estuvo de acuerdo con esa apreciación:

—No, no es tanto... No es un chichón tan grande. Es que ella tiene la frente grande. ¿Verdad, hija? ¿A que tienes la frente grande?

Y la niña, por supuesto, siguió sin contestar y siguió llorando.

Demasiadas preguntas para alguien de su edad. Quizás si el padre, en vez de consultarle cada una de la acciones que llevó a cabo desde que entraron en la cafetería, se hubiera mostrado más seguro («Ven, siéntate, tómate un cruasán de chocolate, que te gustan, mientras, voy a ponerte un hielo en la frente, que te ayudará a que te duela menos el chichón» y «Después llamamos a mamá y hablas con ella, ¿vale?»), en vez de consultarle cada una de sus acciones a una cría que ni puede (ni quiere) decidir cómo hay que gestionar esa situación, la niña se habría calmado.

Pero en un universo en el que el niño es el astro rey, preguntarles prácticamente todo a los hijos, ya desde muy pequeños, es lo que se lleva. Me lo ratificó también Jo Frost, la célebre *supernanny* inglesa, en una entrevista.[39] Opinaba que tantas preguntas eran una tendencia poco pedagógica. Del «¿Quieres ir a la cama?» a un niño de un año al «¿Te quieres bañar?», «¿Vestir?» y «¿Ponerte el pijama?», pasando por el «¿Qué quieres cenar?». O, si se encuentra mal (también

---

39. Millet, Eva (2006). «Cómo educar a los padres», *La Vanguardia Magazine*, 2 de julio.

lo he oído, lo juro), el «¿Quieres tomar Dalsy?». Los niños son muy inteligentes, cierto, pero hay cosas (como lo que les conviene comer, las horas que necesitan dormir o el medicamento que puede bajarles las fiebre) que aún no están capacitados para decidir.

Frost, gran defensora de las rutinas y los límites, considera que es papel de los padres guiarlos en el día a día, con firmeza y tranquilidad, sin preguntarles constantemente su opinión cuando, además, no están capacitados para darla. Así, en vez de preguntarles si se quieren bañar, cenar, ponerse el pijama e irse a la cama, hay que anunciarles que: «Es hora de bañarse y ponerse el pijama y, después de cenar, a la cama». Entre otras cosas, eso les dará seguridad para poder dedicarse a otras actividades seguramente más interesantes para ellos que decidir, con un año y medio, qué van a tomar o si les conviene o no bañarse esa noche… No se trata del ordeno y mando de hace unas décadas, sino de encaminarlos, dirigirlos bien, sin necesidad de preguntarles todo, como el padre de la cafetería.

Está bien valorar la opinión de los hijos. Incluso hay modelos de familias que se precian de que se gestionan «democráticamente» y en las que a los críos se les consulta todo. Pero, mal que les pese a algunos, la familia es un sistema jerárquico y la autoridad de los padres, necesaria. Si al niño se le pregunta y consulta todo por norma, aunque no esté capacitado para responder, lo que se consigue son unos «niños L'Oréal» (quienes, «porque yo lo valgo», como dice el eslogan, tienen una especie de derecho divino de opinar sobre todo), pero, a la vez, muy inseguros. Tantas preguntas les hace intuir que quizás sus papás no están del todo preparados para ejercer como tales.

Sí, es cierto. La capacidad de tomar decisiones es fundamental para educar hijos independientes, pero, como señala la psicóloga Maribel Martínez, eso se puede hacer de una forma coherente:

Preguntarle al niño de cuatro años qué quiere para merendar no es una buena idea, porque no está capacitado para responder. Cuando sea mayor, con ocho, por ejemplo, está bien, de vez en cuando, preguntarle si quiere A o B, porque a medida que crecen, el decidir sobre algo les ayuda en la autoconfianza, en su capacidad de decisión. Pero, ¡ojo! –advierte–, no hay que preguntárselo sistemáticamente todo.

La sana desatención

Para Martínez, una de las bases para educar hijos independientes es lo que ella llama «la sana desatención»: observar sin intervenir.

No se trata de volver a los tiempos de Dickens y relegar a los niños a los sótanos de la casa. Ni tampoco *observar* cómo está a punto de despeñarse y quedarse quieto… No. La sana desatención consiste en no anticipar posibles contratiempos, en no ponerse de los nervios ante cualquier posible malestar del niño.

¡Relájese!, pratique el underparenting

En cantidad de problemas con los hijos (desde trastornos alimentarios a ansiedad o trastornos de conductas), observar sin intervenir es la clave –afirma la psicoterapeuta–. ¿Por qué? Porque podemos crear un problema donde no lo hay: si una niña de doce años deja un día la comida ya nos ponemos: «Anorexia, bulimia… Come, come». Quizás la niña está incubando la gripe y no nos damos cuenta de que estamos presionando.

Martínez apunta que los niños, además, tienen épocas, y cuanto menos se interviene, mejor. Aunque esto no significa pasar de todo: «Si hace un mes que la niña no se acaba nunca el plato o deja de comer, entonces sí hay que tomar medidas. Pero solo hay que intervenir si la observación nos dice, de forma contundente, que algo pasa». Porque si no es así, advierte, crearemos un problema donde no lo hay.

Se necesita temple para observar sin intervenir, para la sana desatención hacia los hijos. Esta fórmula es también recomendable en las clásicas peleas entre hermanos. Mientras que hay padres que parecen no querer enterarse de las dinámicas de *bullying* entre sus hijos, hay otros a los que cualquier altercado fraterno les parece inaceptable. Entre ambos polos, señala Maribel Martínez, hay que encontrar el equilibrio: «Por supuesto, no se puede permitir ser cómplice de una relación de acoso entre hermanos, pero también es sano dejar que sean los hijos los que resuelvan sus diferencias: es una oportunidad para que se sociabilicen. Es parte de la vida».

Hay que confiar en los hijos, recalca Martínez. Es otra de las bases para conseguir una relación sana con ellos. Confiar en ellos desde que nacen. «Y que el niño lo sepa». Confiar que su cuerpo lucha contra los virus, que es capaz de andar, de aprender a nadar, de pasar por ahí sin hacerse daño, de entretenerse solo, de tener amigos, de ser capaz de aprobar y de todas esas cosas que dan mucho miedo a los padres y están convirtiendo lo que ha de ser un periodo bonito de la vida en algo angustioso.

Los deberes y la escuela

Y con el tema de los aprobados llegamos directamente a otro tema en el que los padres intervienen cada vez más: los deberes.

Hoy cada vez es más habitual que haya padres que:

a) Ayudan por sistema a hacer los deberes a sus hijos.
b) Hacen ocasionalmente los deberes de sus hijos.
c) Hacen por sistema los deberes a sus hijos.

La tentación está ahí. Lo sé. El niño te enseña una redacción que ha hecho para el instituto y está plagada de faltas y de errores de puntuación. Es casi imposible no lanzarse sobre el ordenador, hacer un «guardar como» y editarle el texto para que al niño le pongan un 9,5. Sin embargo, ese 9,5 no es suyo. Es de su madre, periodista, que le ha editado tan bien el texto que incluso la profesora no se ha dado cuenta. Pero lo único que ha conseguido la hipermadre aquí es:

a) Engañar al sistema público de educación.
b) Que su hijo no aprenda nada.
c) Que tenga menos oportunidades de ser autónomo.

Así que la madre, sintiéndose culpable, le pregunta por el tema de ayudar a hacer los deberes a una profesional. La profesional le dice que lo ha hecho fatal y la siguiente vez que su hijo le enseña la redacción para el instituto, se reprime el ansia de corregirle, *ella*, las faltas. Se marca, en cambio, un objetivo: que su hijo aprenda lo que ha hecho mal. Así que madre e hijo pasan una larguísima media hora o tres cuartos jugando a «¿Qué pasa en este párrafo?», y la madre trata de morderse la lengua, en numerosas ocasiones, ante las vacilaciones y la mirada vidriosa de su estimado hijo. Pero llega un momento, tras el pulso, en que la mirada se vuelve brillante y el hijo ve que allí hace falta un punto o que ahí va una be, en vez de una uve. Empieza él solo a corregirse sus faltas, que es el objetivo: que sea autónomo.

La escuela, como ya se ha explicado extensamente en el capítulo 2 de este libro, es otro entorno donde proliferan los hiperpadres, dispuestos a enfrentarse con maestros, directores, monitores y todo el que ose cuestionar alguna de las capacidades de su hijo o hija. La escuela perfecta, la que se ajusta al cien por cien a las necesidades y requerimientos de su hijo, no existe. Pero, al fin y al cabo, ¿qué se ajusta en esta vida al cien por cien de nuestras necesidades y requerimientos? Hay que aprender a confiar en la escuela, en la profesionalidad de los docentes y en la capacidad de su hijo para adaptarse. Y hay que apoyarse a ella, no enfrentarse a ella, que es lo que se lleva cada vez más. Como comentaba Carl Honoré, cuando el compromiso de los padres con la escuela se transforma en intromisión, entonces todo el mundo sufre, porque se crea una atmósfera de conflicto entre padres y maestros.

La cuestión de la imagen

Y no puedo acabar estas pinceladas prácticas de *underparenting* sin tratar un tema estrella: las fotos de los hijos. En la actualidad, para millones de niños y jóvenes, fotografiar y ser fotografiado es parte de su día a día. Esta es sin duda la generación más inmortalizada de la historia, lo que, desde el punto de vista de la «sana desatención», no es precisamente ideal. Es natural que, especialmente cuando son pequeños, a los hijos se les fotografíe y filme para atesorar esos momentos que no van a repetirse. Sin embargo, gracias a las nuevas tecnologías, hoy la vida de nuestros hijos, en muchas familias, se ha convertido en una especie de *photocall* 24/7. Los niños posan como profesionales y los adultos han semienloquecido, haciendo y colgando fotos de sus hijos en las redes sociales de manera masiva: esos retoños de los cuales uno se siente tan orgulloso que resulta lógico compartir ese orgullo con el mundo.

De este modo, las imágenes de bebés dormidos y de bebés despiertos, de niños gateando o dando sus primeros pasos, de niños y niñas de vacaciones, en eventos deportivos y familiares, viajes, primeras comuniones y un largo etcétera, llevan años acumulándose en el espacio virtual.

Los padres no solo comparten imágenes: también hay quienes tuitean cada gracia de sus hijos o tienen un blog donde documentan sus vidas para todo aquel que quiera conocerlas. Estos progenitores ya tienen un nombre en el mundo anglosajón: son los *sharents* (de *parents*, «padres», y del verbo *to share*, «compartir»). De este modo, han convertido a sus hijos en los niños y niñas más documentados de la historia, pero, también, en los que tienen más percepción de su imagen. Porque, con tanta cámara enfocándolos desde bebés, saben que su existencia viene acompañada de una serie de aparatos destinados a inmortalizarla. Y, dada la persistencia de sus progenitores en plasmar el más mínimo de sus movimientos, la idea que se les transmite es que su imagen es algo importante.

Para el doctor Alain Morin,[40] psicólogo canadiense especializado en el estudio de la autopercepción, este exceso de imágenes puede derivar en actitudes negativas. Entre ellas, «la autocrítica y una constante autoevaluación de uno mismo», con la ansiedad que todo ello conlleva. Sin olvidar la vanidad, que probablemente se estimula con tantas fotografías, videos y tuits.

Ningún padre o madre normal quiere tener hijos ansiosos ni vanidosos. Detrás de cada fotografía hay más buena

---

40. Millet, Eva (2014). «Generación *photocall*», *La Vanguardia, ES*, 22 de noviembre.

voluntad que otra cosa. Pero al documentar tan exhaustivamente, ¿no estaremos creando narcisos ya desde la cuna?

Para el filósofo y docente Gregorio Luri, el narcisismo en nuestra sociedad es una realidad incontestable: «De hecho —señala en este mismo reportaje—, en uno de los manuales de psiquiatría más importantes del mundo, publicado en Estados Unidos, ha desaparecido ya como enfermedad, porque cuando algo se convierte en un rasgo habitual de la población se considera como la norma y no como la excepción». Sin embargo, Luri advierte que el narcisismo tiene su cara oculta, que es su fragilidad: «Y si nuestros niños tienen ese componente narcisista pero no están compensados con algún tipo de resistencia a la frustración, están condenados a sufrir».

Por todo ello, ya hay expertos que aconsejan a los padres sacar menos fotos de sus hijos e hijas y también dejar de compartirlas —o compartirlas menos— en las redes sociales. En el aspecto práctico, los expertos en seguridad digital advierten de que, una vez colgada, esta información es casi imposible de controlar y que ya se está utilizando para suplantar identidades. Además, los padres han de tener en cuenta que están difundiendo informaciones privadas sobre sus hijos, y que lo que hoy parece gracioso, en unos años puede resultar embarazoso.

Sin olvidar que la personalidad de cada uno está formada, en parte, por esas cosas que les sucedieron y que, quizás, desean guardar para sí o compartir con algunas personas escogidas. Pero con la exposición precoz a las redes sociales se está acabando con la diferenciación entre la idea de lo que es público y lo privado, con todo lo que ello implica.

Conclusiones

• Sus hijos son monísimos, los adora, por supuesto, pero ello no implica que haya criarlos como si fueran la reencarnación del Rey Sol. Por ello:

• Usted no ha de cargar, por sistema, con sus cosas. A la salida del cole ellos han de llevar su mochila. Si pesa mucho, saque algunos libros. Parece una nimiedad, pero que carguen ellos con su mochila es una forma efectiva de educar la responsabilidad.

• No permita que los interrumpan cuando conversan con otros como norma, algo muy en boga hoy. También deje de preguntárselo sistemáticamente TODO a los hijos, otro fenómeno actual. Los niños son muy inteligentes, sí, pero hay cosas (como qué les conviene comer, cuándo han de acostarse o el medicamento que puede bajarles la fiebre) que aún no están capacitados para decidir.

• Aunque le cueste un esfuerzo sobrehumano, practique la «sana desatención» hacia su prole: no anticipe posibles contratiempos de sus vidas ni se pase el día merodeando alrededor suyo, dispuesto a intervenir a la mínima que se presenta un problema.

• Confíe en las capacidades de sus hijos y transmítales esa confianza.

- Procure no hacer tantas fotos de sus hijos y, especialmente, reprímase a la hora de compartir estas imágenes y las vivencias con ellos en las redes sociales. Esta avalancha no solo está consiguiendo matar la espontaneidad infantil, sino también crear pequeños narcisos. Asimismo, este exceso de imágenes de uno mismo puede derivar en actitudes negativas, como la autocrítica y una constante autoevaluación.

- Evite hablar en plural a la hora de referirse a sus hijos.

- Está bien colaborar en la escuela de los hijos, pero sin entrometerse, porque existe el peligro de crear una atmósfera de conflicto entre padres y maestros. Además, esta intromisión roba de nuevo la autonomía a los hijos, porque cuando los padres van de arriba abajo creando el ambiente perfecto para ellos, no aprenden a lidiar con el mundo real.

- La educación no consiste solamente en adquirir títulos. La educación es la suma de los conocimientos adquiridos y de la formación de carácter. Es decir, de lo aprendido más los recursos para ejecutarlo, como la constancia, el esfuerzo y la capacidad de frustración. Que su hijo o hija sean capaces de dar las gracias y de encajar una frustración es también parte fundamental de su formación, aunque el sistema actual la esté olvidando.

8.
El derecho a ser frustrado

Ya se explicó en el capítulo 5 el cada vez más abundante número de criaturas con baja tolerancia a la frustración y las consecuencias de esta falta de resistencia en el desarrollo de la persona. Por todo ello, y dada la alta de incidencia de frustraciones y obstáculos en la vida, expertos y personas con sentido común recomiendan educarla. Entre ellos, Gregorio Luri, quien asegura que «dentro de mi lista de derechos a los niños hay uno fundamental, que es el derecho a ser frustrado». El pedagogo compara este derecho «al que tiene el pastelero a no comerse los ingredientes mientras está haciendo el pastel». Aunque no se trata, advierte, de una actividad masoquista contra los impulsos de cada uno, sino del llamado «pensamiento estratégico».

Este pensamiento, basado en el cálculo, la lógica y la experiencia, es uno de los rasgos básicos de una persona inteligente. Se educa prácticamente desde el momento en el que nacemos y requiere entreno, porque es fruto del esfuerzo. Es ese bebé que quiere alcanzar un objeto y no puede, pero descubre que, si gatea un poco y otro poco más, llega.

Es aquel niño que, después de muchos intentos, completa, satisfecho, un puzle. O el adolescente que presenta un impecable trabajo de fin de curso después de varias versiones y muchas horas de esfuerzo.

Pero si el padre o la madre, ante la primera rabieta a causa de la frustración por no alcanzar el objeto, por no completar el puzle o el trabajo, se sienten culpables y ayudan de inmediato, «Lo que hacen es educar al hijo en un sentido del capricho de la existencia –apunta Luri–, pero, sobre todo, le están impidiendo desarrollar la conciencia de que hay cosas que cuestan pero merecen la pena».

En un ejercicio de la «sana desatención» de la que hablábamos en el capítulo anterior, dejen que su hijo o hija prueben y se frustren, y vuelvan a probar y a frustrarse, hasta lograr su propósito. De este modo se educa la famosa tolerancia a la frustración, que es un arma fundamental para encarar la vida.

En una entrevista de *La Vanguardia*,[41] el profesor de psicología Walter Mischel, artífice del famoso «test de la golosina»,[42] recalcaba que es muy importante que cuando tienen cinco o seis años los niños aprendan a encarar la frustración. En su estudio descubrió que los niños que tuvieron más capacidad

---

41. Peirón, Francesc (2015). «Hay que educar a los niños para afrontar la frustración», *La Vanguardia*, 4 de mayo.
42. A mediados de los años sesenta Mischel y su equipo de la Universidad de Stanford iniciaron el denominado «test de la golosina», que ponía a prueba la capacidad de autocontrol de los niños de preescolar. La idea era poner a los niños en una encrucijada: los dejaban solos, sin saber que los vigilaban, con un plato con una golosina y otro con dos. Habían dos opciones: comerse la golosina de inmediato o esperar cinco minutos y zamparse las dos.

de autocontrol –los que esperaron los cinco minutos para comerse las dos golosinas– soportaban mejor los reveses de la vida de adulto. Mischel está convencido de que el autocontrol debería educarse ya en la escuela: «Deberían cambiar el currículo e introducir esta materia. Si en el colegio se enseña educación sexual, ¿por qué no educar en el autocontrol?». «No es una broma», aseguró. En su opinión, si los niños, cuando los motivas, no son capaces de esperar cinco minutos para llevarse dos golosinas, entonces es que no están listos para aprender, carecen de capacidad para estar concentrados. «Esto afecta a todo el ciclo y los preparas para fallar», concluyó en la entrevista. En ella también rechaza los argumentos (calificándolos directamente de «tonterías») de algunos padres que creen que el autocontrol, el poner límites, coarta la creatividad de sus hijos. «Cada persona creativa, cada pintor, escritor o estrella del *rock* sabe que para ser creativo ha de tener disciplina, practicar, concentrarse». La creatividad significa control y viene exactamente de la misma parte del cerebro que se utiliza para ello.

La importancia de los límites

¿Y cómo se educa ese autocontrol? ¿Cómo enseño a mis hijos a tolerar la frustración?

La fórmula es más sencilla de lo que parece. Se reduce a ponerles límites a los hijos: una estrategia que todos, repito, TODOS los expertos que he entrevistado en estos años elaborando reportajes sobre crianza y educación consideran como la mejor herramienta para conseguir hijos bien educados (en todos los sentidos).

¿Y cómo se ponen los límites? Pues con una palabra que ha estado muy poco de moda en las familias en los últimos años: NO.

Los expertos recomiendan decirles «NO» de vez en cuando a sus hijos (como mínimo, una vez al día). Es la palabra que inmuniza, que prepara y que frustra. Y decírselo es bueno. Para la salud de sus hijos y para la suya.

«Hay muchos niños que necesitan oír la palabra "no" más a menudo», insiste Carl Honoré, quien ya observó hace tiempo que «aunque derrochamos tiempo y energía en ayudar a nuestros hijos e hijas a construirse un currículo demoledor, tendemos a ser bastantes inseguros en el frente de la disciplina». Honoré es uno de esos muchos expertos que aboga por la necesidad de «disciplina» y «una mano firme de vez en cuando» porque a los niños los límites no les hacen daño, como tantos creen, sino que «los hacen sentirse seguros y equipados para un mundo construido con normas y compromisos».

Si el «no» le parece demasiado fuerte, puede matizarlo con un: «Me gustaría, pero no puede ser» o un «Hoy no va a poder ser», pero dígales «NO» y, si ha llegado a esta conclusión, mantenga ese «NO». La coherencia es básica, porque en el momento en el que un NO se convierte en un SÍ tenemos garantizado el conflicto (porque los hijos ven que en cualquier momento pueden dar la vuelta a la tortilla).

Tampoco se trata de decir «no» como acto reflejo ante cualquier petición del hijo. Los noes se han de decir de una forma mesurada pero firme, porque si no se convierten en un arma de doble filo.

No acabamos de entender que los límites son terapéuticos. Tanto para los más pequeños como para los adolescentes. De hecho, en esta etapa son vitales: para ellos y para ustedes. Como señalan también los expertos, los adolescentes necesitan normas para tener algo contra lo que rebelarse. La adolescencia es una etapa en la que el niño necesita romper sus relaciones infantiles con los adultos para reconstruir otras nuevas. Y para romperlas necesita límites. Chocar contra ellos es parte de su proceso de formación como persona. Los noes, las normas y los límites son importantísimos para su bienestar.

Así que, aunque solo sea porque no hay nada más triste que un adolescente con unos padres tan comprensivos y tolerantes que no puede rebelarse, diga «NO» a sus hijos de vez en cuando.

Tampoco hay que tener miedo a decirles que algo no está bien hecho, que se han equivocado. En la actualidad, la gratificación, reafirmar al niño de forma constante –aunque no se lo merezca– es otra de las tendencias. Como señala la psicóloga Maribel Martínez, da igual que hagan un churro en vez de una «a»: todo está *bien, fenomenal* y es fruto de una mente privilegiada y *especial*. De nuevo, no. Los niños tienen que aprender a diferenciar entre lo que está bien y lo que está mal y deben entender que si hacen un esfuerzo, serán mejores.

No se trata de romper trabajos en miles de pedacitos, como la madre-tigre, ni de no alabarlos nunca (lo que era bastante habitual en mi infancia). Se trata de poner el acento en el esfuerzo y observar lo que desarrollan antes de darles el premio o el halago. Aunque el refuerzo positivo es una gran herramienta educativa, ha de ser bien utilizada: «Porque si nos pasamos de la raya, se vuelve en nuestra contra. Hemos dado sobredosis de refuerzo positivo», señala Maribel Martínez. Hay que reforzar las ganas, el intento, pero no el resultado si este ha sido un desastre.

En conclusión, tenemos que dar armas a nuestros hijos para enfrentarse a la frustración, no esquivarla con excusas, falsos halagos, medallas de consolación o coches irrompibles. Y entre estas armas, hay una que es importantísima, una virtud que en las nuevas generaciones está desapareciendo a marchas forzadas: la paciencia.

La generación *non stop*

Vivimos en la sociedad de la inmediatez, en la que el concepto de esperar es algo casi inconcebible. Se dice que Internet es la principal causa (o el resultado) de que todo tenga que pasar ¡ya! A un golpe de tecla hoy tenemos música, películas, prensa, fotos, billetes de avión, cotilleos... Millones de cosas y experiencias. Todo es veloz, instantáneo. Cuanto más rápido, mejor.[43] Este vértigo está debidamente arropado por

43. La clave del éxito de Spotify, la aplicación de música vía *streaming* más popular del mundo, es que la reproducción es casi instantánea. Eso fue lo

otra serie de *inputs* bajo los que se han educado millones de jóvenes. En especial, los videojuegos, las series de televisión y las películas de acción, tan trepidantes que no hay respiro para nadie, tan cargadas de acontecimientos y de personajes, tan hiperactivas, que resultan banales. De todo este *non stop* de la industria visual bebe una parte la literatura infantil y juvenil contemporánea. Son muchos los autores que apuestan por lo que he bautizado la «narrativa-videojuego». Libros que, acorde con los entretenimientos audiovisuales actuales, cuentan historias donde pasa de todo y constantemente. Hay ejemplos de calidad, como la celebérrima saga de *Harry Potter*, que ha enganchado a tantos niños y niñas del mundo en el placer de la lectura. De calidad pero trepidante: en el primer libro de la saga (el único que he leído) creo que hay más monstruos, villanos, seres extraños y mágicos que en la trilogía completa de *El Señor de los Anillos*.

Una vez me encargaron una crítica sobre el libro *El origen de los guardianes*, del ilustrador, escritor, guionista, productor y director norteamericano William Joyce. Que el autor se dedicara a tantas cosas ya daba pie a pensar que el libro en

que sus artífices, Martin Lorentzon y Daniel Ek, buscaron al diseñarlo: que la canción se pudiera escuchar de forma casi inmediata (unos doscientos milisegundos o lo que se tarda en parpadear). Como usuario, Ek sabía que «la piratería era un poco pesada: tardabas rato en descargarte una canción, todo era difícil de manejar, tenías que preocuparte por los virus...», dijo en *The New Yorker*. La gente lo que quería era vivir una experiencia «guay» (es decir, rápida), así que él y su socio se pusieron a diseñarla.

cuestión no iba a ser reposado. Sin embargo, el texto superó todas las expectativas. La novela tenía como protagonistas a los llamados «guardianes de la infancia»: Santa Claus, el conejo de Pascua y el hada de los dientes (el equivalente femenino a nuestro Ratoncito Pérez), entre otros. Personajes fantásticos que formaban parte de un libro que, según la editorial, describía «un mundo lleno de fantasía, diversión y aventura». E hiperactividad, deberían de haber añadido. Porque el mundo de los guardianes era tan fantasioso, divertido y lleno de aventuras que, simplemente, atolondraba. Como rezaba el título de uno de los capítulos: «Muchísimas cosas pasan muy deprisa». En las primeras páginas el lector ya se topaba con rayos de luna con vida propia, un malvado que cambiaba de forma y había empezado «una guerra» (sin que se supiera muy bien por qué), un mago que, entre otras cosas, dominaba las múltiples lenguas de los insectos y (se mencionaba de pasada) era el último superviviente de la Atlántida. Siempre en aquellas primeras páginas se presentaba a un protagonista, Nicolás San Norte (una especie de Santa Claus guerrero), que actuaba con tanta premura y estrés que resultaba imposible empatizar con él.

No hay que ser muy sagaz para darse cuenta de que el exceso de actividad se ha normalizado en la sociedad. Los adultos son los primeros a los que les encanta decir que van «de culo». Estar ocupadísimo es un nuevo símbolo de estatus para los adultos y este frenesí se ha transmitido, sin complejos, a los niños. Parece que estar quieto un rato, sin tener tardes ni actividades programadas, sea un pecado o un sinónimo de fracaso.

Este constante ir y venir ha resultado también en una extraordinaria capacidad para el aburrimiento. Me atrevería a decir que jamás en la historia ha habido niños tan estimulados, tan dotados de medios para aprender y hacer cosas, pero, a la vez, con tanta propensión a aburrirse.

La bajísima tolerancia al aburrimiento y la impaciencia son otras de las consecuencias de la hiperpaternidad. Esa legión de niños que «se aburren» si no se les presta atención durante cinco minutos (bueno, ¡dos!) o si no están siendo transportados de una extraescolar a otra o viviendo una experiencia maravillosa detrás de otra.

En esta misma editorial, Catherine L'Ecuyer ya publicó un revelador libro, *Educar en el asombro*,[44] donde denunciaba un mundo frenético, compulsivo, donde la capacidad de sorprenderse de nuestros hijos está siendo hipotecada, entre otros, por esta hipereducación, por el ansia de «convertir los hitos de la vida del niño en una auténtica carrera de relevos», escribe.

La autora describe un mundo donde el silencio está mal visto y hay tal cantidad de estímulos que la capacidad de concentración está perdiéndose a marchas forzadas. Pero no solo eso: también se pierden, advierte, la capacidad de gozar del momento presente, la intuición con relación a las necesidades de los demás y la sensibilidad a los estímulos menos ruidosos o silenciosos. En una sociedad en la que los estímulos están multiplicados por cien, incluso es aburrido irte a la

44. L'Ecuyer, Catherine (2012). *Educar en el asombro*, Barcelona, Plataforma.

montaña y mirar el paisaje o leer ese libro y ver esa película que tanto emocionó a tu madre cuando tenía tu edad.[45]

Hay que empezar a parar...

La hiperpaternidad ha hecho que los padres hoy tengamos que ser padres, *coaches*, dinamizadores culturales, chóferes... Y que, además, tengamos que reaccionar, solícitos, ante cualquier muestra de aburrimiento de los hijos. Resulta agotador, pero no es algo inevitable: ante el habitual «me aburro» hay que dejar que el hijo busque la manera, por sí solo, de dejar de aburrirse. De entretenerse. «Su tiempo libre es su tiempo libre y si no aprenden a gestionarlo desde pequeños, de adolescentes el problema se agrava», avisa Gregorio Luri, quien señala que después de tanta hiperactividad durante la infancia, uno de los problemas con los que no saben enfrentarse los adolescentes es llenar su tiempo con actividades normales. La sobreestimulación imperante crea personas dependientes de los estímulos, de las emociones fuertes, con todo

45. Seguro que alguna vez han ido al cine o han alquilado una película con sus hijos que les emocionó particularmente de niños o adolescentes. Yo lo hago y muchas veces me sorprendo de cómo les cuesta entrar en historias que a mí me dejaron sin aliento desde el primer minuto, como *Blade Runner*. Ya no les cuento qué pasa con libros como *La isla del tesoro*, uno de los favoritos de mi infancia, pero en el que, en comparación con los *Harry Potters* y sagas como la descrita, pasan tan pocas cosas que prefiero no llevarme una decepción, que me devuelvan el preciado libro con un diplomático: «Es un *poco* aburrido».

lo que ello implica. Aburrirse es otra frustración, una sensación que para algunos puede convertirse en algo insoportable.

Por suerte, nunca es tarde para empezar a parar. Recuerdo el testimonio en la BBC radio de Lorraine Candy, directora de la revista *ELLE* Gran Bretaña y exhipermadre, en sus propias palabras. La periodista (madre de tres hijos) comparó las dinámicas de los dos primeros con el tercero, a quien dejó más a su libre albedrío. Explicó que con los dos mayores, de nueve y ocho años, fue «una madre a tope», totalmente influida por las corrientes de estimulación imperantes: los ocupaba toda la semana en actividades educativas, les compraba todo tipo de *Baby Einsteins*, *Mozarts* y similares. Iban mucho de viaje, siempre arriba y abajo... El punto de inflexión sucedió cuando, un domingo, después de haber estado dando vueltas todo el fin de semana, la familia llegó a casa agotada y el mayor, al poco de entrar, le dijo: «Y ahora, mamá, ¿qué más hacemos?». Candy descubrió en aquel momento que algo no iba bien con su modelo de crianza. Por ello, con su tercer hijo decidió abandonar la maratón que le suponía tratar de ser una supermadre. Bajó totalmente el ritmo y el niño es: «Mucho más relajado, mucho más seguro de sí mismo, juega muchísimo más solo... ¡Nada que ver!».

Dejen de planificar cada instante de la vida familiar. Busquen las horas muertas. Atrévanse a que sus hijos tengan una tarde sin nada programado. Hay que aprender a aburrirse.

Los niños deben tener un tiempo sin actividades, sin extraescolares, sin deberes ni acontecimientos (y no valen las horas de sueño). Además, del aburrimiento puede surgir la tan deseada creatividad: se puede iniciar un *hobby*, como la lectura. O simplemente, se puede disfrutar de un rato de tranquilidad, sin hacer nada, lo que, quién sabe, quizás conduzca a una cierta introspección que, francamente, no está mal.

Conclusiones

• Dada la alta de incidencia de reveses y obstáculos que existen en la vida, es urgente educar a nuestros hijos en la capacidad de frustración, algo que se ha olvidado en estos últimos años.

• Por ello, no corran a la primera de cambio a socorrer a su hijo o a su hija en su intento por hacer o lograr algo. Dejen que prueben y se frustren hasta lograr su propósito. De este modo se educa la famosa tolerancia a la frustración, herramienta fundamental en toda existencia.

• El esfuerzo es una de las armas para encarar la frustración y muchas otras cosas en la vida. Pero este es un concepto cada vez más *démodé* en nuestra cultura, que ensalza otros valores algo más frívolos. Los padres deberíamos alabar la capacidad de esfuerzo de los hijos por encima de otras virtudes, como su belleza, por ejemplo.

• Otro concepto también pasado de moda en la educación permisiva y sobreprotectora es el de ponerles límites a los hijos. Una verdadera pena, porque todos los expertos que he entrevistado para reportajes sobre crianza y educación consideran que los límites son la mejor herramienta para conseguir hijos bien educados.

- Los límites se establecen con una palabra también obsoleta en estos días: «NO». Diga «no» a sus hijos de vez en cuando. Los expertos recomiendan, como mínimo, una vez al día.

- Tampoco hay que tener miedo a decir a nuestros hijos que algo no está bien hecho, que se han equivocado. En la actualidad, la gratificación, reafirmar al niño de forma constante –aunque no se lo merezca– es otra de las tendencias. Los niños tienen que aprender a diferenciar entre lo que está bien y lo que está mal y deben entender que si hacen un esfuerzo, serán mejores.

- Y, por último, no tenga prisa en que sus hijos lo hagan TODO y CUANTO ANTES: de aprender a leer a visitar Disneyland París. El exceso de actividad se ha normalizado, pero no quiere decir que sea bueno. El ansia de convertir las vidas de nuestros hijos en una constante serie de experiencias se está cargando, entre otras cosas, su capacidad de sorprenderse.

- Deje que se aburran: la sobreestimulación imperante crea personas dependientes de las emociones fuertes, con todo lo que ello implica. Hay que reeducar en la paciencia, aprender a esperar y, también, a aburrirse.

9.
La importancia de poder jugar y arriesgarse

«El niño debe disfrutar plenamente de juegos y recreaciones, que deberán estar orientados hacia los fines perseguidos por la educación».[46] El derecho a jugar en la infancia es tan fundamental que hasta está contemplado por las Naciones Unidas. Concretamente, en el principio 7 de la Declaración de los Derechos del Niño, que también dicta que «la sociedad y las autoridades públicas se esforzarán por promover el goce de este derecho».

Quizás hoy el principio 7 debería añadir: «La sociedad, las autoridades públicas *y los padres*», porque si los niños juegan cada vez menos es, en parte, debido a sus progenitores.

Si hubo un tiempo en el que el trabajo infantil era una actividad normal para la mayoría y las horas de juego y asueto, prácticamente nulas, hoy en día, en el primer mundo

46. Asamblea General de la Naciones Unidas (1959). Declaración de los Derechos del Niño, 20 de noviembre.

–donde el trabajo infantil está prohibido–, cada vez se acortan más las horas de juego en la infancia. La sociedad es altamente competitiva y está obsesionada con que el niño haga de todo y cuanto antes mejor; esto, unido a la falta de tiempo y de posibilidades de conciliación familiar de padres y madres (factor que hace que se recurra a las actividades extraescolares), da lugar a que los niños tengan agendas muy intensas desde muy pequeños. Demasiado intensas. «La jornada escolar es lo suficientemente larga como para poner horas extra cuando son tan pequeños», me comentaba la maestra Josefina Aldecoa.[47] Esta pedagoga, ya fallecida, y a la que entrevisté en 2005 para un reportaje sobre la moda de la estimulación precoz, ya veía contraproducente este ir y venir de actividades de todo tipo: «Cuando un niño es niño necesita tiempo para el hogar, para jugar y para estar tranquilo. Con tantas actividades se convierte en un trabajador que acaba agotado», me dijo.

Déficit de recreo

Lo cierto es que esta hiperactividad ha revertido en el tiempo de ocio de los niños, aquellas tardes en casa, supuestamente «sin hacer nada», a nuestro libre albedrío, que tantos disfrutamos en nuestras infancias.

47. Millet, Eva (2006). «¿Futuros genios o niños agobiados?», *La Vanguardia Magazine*, enero.

En Estados Unidos se calcula que en los últimos veinte años los niños han perdido dos horas de juego diarias. En su mayoría, juego sin estructurar, que es el más importante en su desarrollo. De nuevo en Estados Unidos, la obsesión por la academia precoz (que ha puesto el foco para que los niños aprendan a leer en preescolar e incluso antes) ha conseguido que en muchas guarderías del país hayan reducido, e incluso eliminado, las horas de recreo. En su estudio *No fear. Growing up in a risk averse society*,[48] Tim Gill denuncia que la llamada «hora del patio» se ha reducido «dramáticamente» en estos últimos años. Y añade que algunas escuelas de secundaria directamente se la han cargado.

Gill es inglés, pero viví un detalle similar durante la visita a un centro de secundaria en Barcelona, donde no se había eliminado el tiempo del recreo pero sí el tradicional espacio para jugar. En vez de la clásica cancha o el espacio abierto, al aire libre, para correr, allí había «un foro» (interior) y unas «terrazas con bancos para sentarse». Me sorprendió mucho que en un centro donde entran niños de doce años el lugar de recreo se inspirara en el de una residencia de ancianos... Ni pista de deporte ni espacio para correr: bancos y punto. Huelga decir que fuimos muy pocas las personas sorprendidas por este aspecto de la escuela. En general, a la gente eso le pareció una nimiedad. El centro, con fama de ser «pedagógicamente innovador» y con buenos resulta-

---

48. Gill, Tim (2007). *No fear. Growing up in a risk averse society*, Calouste Gulbenkian Foundation.

dos académicos, tiene lista de espera. Para muchos padres el espacio para el juego cada vez tiene menos importancia. Afortunadamente, ya hay asociaciones que combaten este déficit de patio. En Estados Unidos, la organización Defending the Early Years lleva tiempo combatiendo la corriente híper imperante, que, en su opinión, está sacrificando el aspecto lúdico de la niñez por clases y más clases de conocimientos precoces. La organización denuncia que todo el esfuerzo que se aplica para conseguir el supuesto hito de leer cuando acaban el parvulario –algo que, como se explicó en un capítulo anterior, llegará naturalmente y sin agobios cuando el niño o la niña estén preparados– se cobra en valiosas horas de juego perdidas.

A través de diferentes estudios, Defending the Early Years derriba el mito de que «cuanto antes mejor». De hecho, en su informe[49] asegura que obligar a los niños a aprender a leer puede ser contraproducente e, incluso, dañino: muchos no son suficientemente maduros como para leer tan pronto, por lo que la enseñanza se convierte en un machaque. En contrapartida, jugar, una actividad que se está hipotecando a costa de la academia precoz, es fundamental para ellos. Además, ayuda a desarrollar sus ideas sobre los símbolos, el lenguaje oral y el mundo impreso, todos ellos componentes vitales de la lectura.

---

49. Carlsson-Paige, Nancy, Bywater McLaughlin, Geralyn, y Wolfsheimer Almon, Joan (2015). «Reading instruction in kindergarten: Little to gain and much to lose». <http://www.allianceforchildhood.org/sites/allianceforchildhood.org/files/file/Reading_Instruction_in_Kindergarten.pdf>.

Para los niños, jugar es importantísimo. Mucho más que las clases de Kumon, chino, tenis o inglés. A los niños y las niñas el juego (en especial, el juego libre, sin estructurar) les sirve para desarrollar habilidades como la imaginación, la creatividad, la empatía y la cooperación. También es importante para lidiar con la agresividad, para fomentar la capacidad de negociación y de conciliación y para aprender a cumplir las normas que se hayan instaurado en un juego determinado. Es uno de los tesoros de la infancia, algo que las agendas frenéticas y la tecnología se están llevando por delante.

Los juegos de ordenador son otro de los motivos por los que el juego tradicional está pasando a un segundo plano. No voy a pedir una vida sin pantallas en el siglo XXI porque sería imposible, pero, como todo, la Play, la Xbox y derivados han de dosificarse. Aunque resultan muy prácticos para los padres y muy atractivos para los hijos, no deberían reemplazar al juego tradicional. Carl Honoré recomienda garantizar que los hijos pasen un rato al día —una hora o dos— que no esté pautado y en el que no interfiera la tecnología. Será un tiempo para jugar a su aire e inventar su propio entretenimiento. Si sus hijos no tienen ese tiempo diario disponible, quizás sea el momento de sentarse y empezar a aligerar agendas.[50]

---

50. Pero, por favor, no hagan lo que leo que hacen las madres millonarias en Nueva York, quienes contratan «asesores de juegos para niños de cuatro años que no tienen tiempo de jugar porque tienen demasiadas clases de enriquecimiento» [Martin, Wednesday (2015). *Primates of Park Avenue*, Nueva York, Simon & Schuster].

De entre la variedad de juegos que existen, el que lo tiene cada vez más difícil es el que se practica al aire libre y sin supervisión adulta. En consonancia con los nuevos tiempos hiperprotectores e hiperactivos, este tipo de espacios (la plaza, la calle, el descampado o el campo) han ido desapareciendo. En parte, han sido sustituidos por parques públicos adaptados a la normativa vigente, que demanda espacios vallados y suelos acolchados.

Mientras que la mayoría de los que lean este libro nos habremos criado jugando en parques sin vallas, con suelos de hormigón, un par de columpios y un tobogán de hierro de aspecto algo amenazante, hoy hay parques fantásticos, con suelos de caucho, cortezas o arena, estructuras homologadas de madera sostenible y todo tipo de elementos para que los niños den rienda suelta a su imaginación. El problema es que, a menudo, la imaginación no puede brotar porque detrás del niño o niña están el padre, la madre, el abuelo o la abuela mirándolos fijamente o persiguiéndolos con el bocadillo o, sencillamente, porque muchos no tienen tiempo para aprovechar estas fantásticas estructuras.

El riesgo es necesario

También hay progenitores que consideran que incluso estos espacios, pensados hasta el último milímetro y que cumplen todas las normativas para salvaguardar la integridad física, pueden ser peligrosos. El mejor ejemplo lo viví durante la redacción de este libro, a causa del estreno de una pequeña zona de juegos en la escuela de mis hijos. En un rincón desangelado, con suelos y paredes de hormigón, se colocaron un suelo de caucho de colores y unos nuevos elementos lúdicos, en los que destacaban unos troncos, amontonados unos sobre otros –al estilo palitos Mikado–, para que los niños caminaran por ellos, se tumbaran, etcétera. Los tronquitos están, literalmente, a un máximo de treinta centímetros del suelo y los rodea la reglamentaria superficie protectora de caucho. Ello no impidió que un padre comentara, indignado, que aquello estaba pensado «Para que alguien se parta una pierna». Aquel hombre prefería el espantoso espacio original (un pequeño patio penitenciario, donde los niños no podían, literalmente, hacer nada) que el nuevo, donde, en su opinión, existía el peligro de partirse las extremidades.

«El riesgo es parte integral del valor lúdico; cuanto mayor es el niño, más riesgo necesita asumir», dice Julian Richter,[51] fundador de la empresa de juegos infantiles alemana Richter Spielgeräte. Richter, que ha sido también presidente del Comité Europeo de Normalización de Juegos Infantiles, recuerda que el juego, para los niños, «es su forma de vida, su esencia», y que es nuestro deber de adultos facilitarles el tiempo y el espacio para ello.

---

51. Richter, Julian. «Riesgo y seguridad en el juego». Texto escrito por el autor sobre el valor del juego, el riesgo y la seguridad, facilitado por la empresa de juegos infantiles BDU, sin publicar.

Cortesía de Carmen Sabaté BDU, España / Paul Collings,
de Timberplay, Reino Unido.

Este experto argumenta que la actual obsesión por la seguridad en los parques infantiles puede acabar pasando factura. En primer lugar, porque cuando se diseñan estos espacios para los niños no se tienen presentes sus necesidades, puesto que a menudo estamos condicionados por nuestras propias aprensiones. «La posibilidad teórica de que se produzca un accidente nos lleva con demasiada frecuencia a actuar de forma protectora», escribe.

Actuar así, advierte, resulta contraproducente, porque los requisitos excesivamente restrictivos son el peor enemigo de la seguridad. Estar permanentemente preocupados ante un posible accidente, dice, «nos hace olvidar que los niños, según su edad y desarrollo, son capaces de protegerse a sí mismos».

Su experiencia le ha demostrado que el mayor peligro para el desarrollo y la educación de los niños es... el exceso de seguridad. La sobreprotección. El riesgo, insiste, es necesario. Y si los adultos se lo evitamos a toda costa solo conseguiremos perder a estos niños, «ya que buscarán mayores emociones en otra parte y por unas vías que a menudo no podemos calcular». (Y si no, miren la imagen de la página anterior y díganme si no se irían corriendo si les ponen a jugar en un lugar así).

Según Julian Richter no hacen falta más normas de seguridad, sino espacios con una atmósfera agradable que inviten a jugar a los niños. «Porque los niños que no se sienten a gusto —niños muy frustrados o estresados— pueden hacerse daño a sí mismos o a los demás con los equipamientos más seguros que podamos concebir —escribe—. Mientras que los niños felices y relajados juegan sin ningún problema con prácticamente cualquier elemento». Así, lo importante es formar a niños seguros, imaginativos y felices, no pequeños sobreprotegidos, a los que se les instila el miedo que pueden partirse una pierna subiéndose a un tronco a treinta centímetros del suelo.

Benevolentes arrestos domiciliarios

Pero si hay unos espacios cada vez menos frecuentados por los niños sobreprotegidos del siglo xxi esos son los espacios naturales. Aunque parece de cajón que infancia y naturaleza van juntas, que una niñez no podría entenderse sin jugar «fuera», sin subirse a un árbol, ir a buscar moras y piñones o explorar un bosque, hoy la relación niños/naturaleza no es demasiado fluida. De hecho, en los países más «civilizados» el «salir a que les dé el aire» empieza a ser una excepción, no una norma. Autores como Stella O'Malley hablan de «infancias en cautividad» y se refieren a los niños que juegan al aire libre como «una especie en peligro de extinción». Richard Louv, pionero en sacar a debate esta cuestión, habla de «benevolentes arrestos domiciliarios». ¿Exageran? Piensen en sus infancias y en las de sus hijos. Comparen las horas que ellos han pasado en el campo o en el descampado del barrio, por libre, con las suyas.

Louv fue quien acuñó el término de «déficit de naturaleza»:[52] el vínculo roto entre la infancia y el entorno natural, que no duda en calificar de enfermedad social. Los niños de este siglo, dice, juegan mucho menos al aire libre porque, en parte, el «aire libre» está invadido por los coches y sus padres van tan liados que tienen poco tiempo para sacarlos. También hay muchos progenitores temerosos de que les pase «algo» y prefieren tenerlos a resguardo de fríos (en invierno) y de suciedades y otros posibles peligros (el resto del año). Los ruidosos *chiquiparks* o el salón de casa, con la tele encendida, son lugares más seguros que el parque del barrio.

Heike Freire, psicóloga y especialista asimismo en el déficit de naturaleza, asegura que los niños conocen más nombres de marcas que de plantas.[53] El analfabetismo ecológico

52. Louv, Richard (2012). *Volver a la naturaleza. El valor del mundo natural para recuperar la salud individual y comunitaria*, Barcelona, Integral.
53. Freire, Heike (2011). *Educar en verde*, Barcelona, Graó.

es una de las consecuencias de este poco contacto con el medio natural. Otras son, enumera la autora, problemas de motricidad, hiperactividad o el déficit de atención.

El déficit de naturaleza ha propulsado iniciativas como la de la organización No Child Left Inside (algo así como «Ningún niño encerrado en casa»). Nacida en 2005 en Estados Unidos, su objetivo es estimular la educación medioambiental y garantizar el derecho de todo niño a tener un contacto con la naturaleza. Su ideario, entre otros, reivindica lo que los niños deberían hacer cuando son niños. Cosas como chapotear en el agua limpia y respirar aire puro, plantar semillas y verlas crecer, subirse a un árbol y rodar por una colina de césped, hacer rebotar una piedra en el agua, descubrir la vida salvaje en el jardín trasero de casa o en el parque del barrio y disfrutar de la visión de un atardecer y un amanecer.

Porque no hace falta irse de safari a Kenia para disfrutar de la naturaleza. Como señala Freire:

A veces, cuando pensamos en naturaleza, nos vienen a la cabeza grandes imágenes de cascadas, montañas o valles verdes, pero los niños lo saben muy bien: esa hormiguita que ellos ven y esa plantita que crece en la esquina es naturaleza. Hay que abrir las casas a esa naturaleza y entrar en contacto con ella diariamente, aunque sea un rato. Tenemos una cultura de rechazo, de ver muchas veces la naturaleza como algo sucio y feo, y no debería ser así.[54]

54. Freire, Heike (2012). «Los niños conocen más nombres de marcas comerciales que de plantas», *La Vanguardia*, 8 de febrero.

Por último, solo me resta felicitar a todos aquellos padres y madres que han pasado interminables horas en el parque (los ojos vidriosos, la mirada perdida, mientras el retoño llena el cubo de arena por enésima vez, se columpia una y otra vez o trata de subirse al árbol). Sin olvidar a todos aquellos que, desafiando la cantinela del «¡¡¡Estoy cansado!!!», los morros, llantos y quejidos tras los primeros cien metros, persisten en la idea de que salir a pasear, al campo, a que «les dé el aire», es fundamental para su bienestar.

Conclusiones

* Cuando un niño es niño necesita tiempo para el hogar, para jugar y para estar tranquilo. Con tantas actividades extraescolares se convierte en un trabajador que acaba agotado.
* Las extraescolares empiezan a imponerse desde que son muy pequeños: estas agendas repletas y la obsesión por la academia precoz están acabando con el juego sin estructurar, que, según los expertos, es importantísimo en el desarrollo infantil.
* El juego les sirve para desarrollar habilidades como la imaginación, la creatividad, la empatía y la cooperación. También es importante para lidiar con la agresividad, para fomentar la capacidad de negociación y de conciliación y para aprender a cumplir las normas.
* El juego, para los niños, es su forma de vida. Es nuestro deber de adultos facilitarles el tiempo y el espacio para ello.

- El mito de que «cuanto antes mejor» es falso. Obligar a los niños a aprender a leer precozmente puede ser contraproducente e incluso dañino: muchos no están desarrollados mentalmente para leer tan pronto, por lo que la enseñanza se convierte en un machaque.

- Conviene garantizar que los hijos pasen un rato al día –una o dos horas– que no esté pautado y en el que no interfiera la tecnología. Un tiempo para jugar a su aire e inventar su propio entretenimiento. Si sus hijos no tienen ese espacio, quizás sea el momento de sentarse y empezar a aligerar agendas.

- Si van al parque, por favor, no se pase ese rato de ocio detrás de él, bocadillo en mano o vigilándolo constantemente: estar preocupados de forma permanente ante un posible accidente nos hace olvidar que los niños, según su edad y desarrollo, son capaces de protegerse a sí mismos. Les quitamos la capacidad de ser autónomos.

- El riesgo es parte integral del valor lúdico y si los adultos se lo evitamos a toda costa solo conseguiremos perder a estos niños, ya que buscarán mayores emociones en otra parte y por unas vías que a menudo no podemos calcular.

- Y, por último, lleve a sus hijos al campo, a la playa, a la montaña… El «déficit de naturaleza», el vínculo roto entre la infancia y el entorno natural, es una realidad. Como padres, conviene estimular la educación medioambiental y garantizar el derecho de todo niño a tener contacto con el medio ambiente.

10.
¿De qué son capaces los niños?

A veces, por razones de trabajo, escribo sobre personajes como Mellody Hobson, una mujer afroamericana nacida en Chicago en 1969 y considerada por la revista *Time* como una de las cien personas más influyentes del planeta. Hobson, que desde 2014 es la esposa del director de cine George Lucas, es una empresaria de éxito, activista y filántropa y con una fama estupenda. Como titulaba un reportaje sobre ella en la revista *Vanity Fair*,[55] el mundo «ama» a Mellody Hobson. Se preguntarán (acertadamente) qué tiene que ver la señora de George Lucas con este libro. Bien. Siempre que escribo sobre gente como Mellody Hobson me gusta rebuscar en sus infancias. En la suya me encuentro con un dato muy significativo que, intuyo, ha tenido bastante que ver con su brillante trayectoria de mujer que se ha hecho a sí misma.

La menor de seis hermanos, Mellody se crio sin padre. Su madre, Dorothy, trabajaba en una pequeña inmobiliaria,

55. Mclean, Bethany (2015). «Why the world loves Mellody Hobson», *Vanity Fair*, abril.

pero, según el reportaje de *Vanity Fair*, no tenía el corazón «lo suficientemente duro» para triunfar en este negocio. En consecuencia, la familia fue desahuciada cuando Mellody era muy pequeña, lo que la marcó. Sin embargo, no impidió que la niña tirara adelante, que fuera la mejor de la clase y se la rifaran en las mejores universidades de Estados Unidos. En parte, dijo, porque quería «entender cómo funciona el dinero» para que el dinero no le faltara nunca más.

Sin duda, su brillante trayectoria se debe a su inteligencia y a su capacidad de esfuerzo (asegura que «es capaz de trabajar más que nadie»). Pero también a la educación que recibió por parte de su madre, quien desde que era muy pequeñita ya le inculcó que tenía que ser una persona independiente. Por ejemplo, si a Hobson la invitaban a un cumpleaños, su madre le decía que no iría hasta que supiera cómo llegar a la fiesta y resolviera, también ella sola, el tema del regalo. Y Mellody, futura presidenta de empresa y de consejos de administración, resolvía aquel tema. De hecho, durante toda su infancia y adolescencia se buscó la vida. Era ella quien escogía y pedía hora para el dentista, quien encontró su instituto, quien organizó las visitas para escoger universidad y presentarse a las tradicionales entrevistas de admisión –donde ya deslumbró–. «Pese a su increíble amor y preocupación, mi madre no tenía la capacidad para estar pendiente de mí, [...] pero ella sabía que yo era capaz de arreglármelas por mí misma», explicó Hobson en *Vanity Fair*.

Quizás porque no tenía más remedio. Quizás porque era su plan educativo –nunca lo sabremos–, pero la madre de

Hobson (a la cual su hija le asegura que le debe «todo») confiaba en ella, lo que le fue muy bien a Mellody. Creo que ya he dicho que hay que confiar en los hijos. Estos, ya desde muy pequeños, son capaces de muchas cosas. No son seres indefensos, incapaces de atarse los zapatos, de abrocharse la chaqueta, poner una mesa, llenar el lavaplatos, hacerse la cama, cocinar, hablar con el profesor o lidiar con los conflictos que puedan tener con sus amigos (todas esas cosas que los padres de hoy hacemos habitualmente por ellos, los pobres). En el llamado «mundo civilizado», la hiperpaternidad se está llevando por delante algo tan importante como es la autonomía de los niños. Entre otras cosas, porque los padres de hoy consideran que es más importante que se concentren en sus estudios y en sus actividades extraescolares que en tareas supuestamente más «banales», como hacerse la cama o recogerse la ropa. Sin embargo, los expertos insisten en que contribuir en las tareas del hogar es importantísimo para su desarrollo y autonomía. Para adquirir una independencia que en otras sociedades, en principio más primitivas, se fomenta desde muy pronto.

Los niños pueden

Cómo se educa a los hijos a asumir responsabilidades en diferentes culturas es la especialidad de las antropólogas Carolina Izquierdo y Elinor Ochs, de la universidad californiana

UCLA. En 2009 ambas publicaron un interesante trabajo[56] en el que comparaban las responsabilidades que se les da a los niños en tres lugares tan dispares como Los Ángeles, el Amazonas peruano y la isla de Upolu, en Samoa. En su estudio, las autoras partieron de la hipótesis de que la colaboración de los hijos en el hogar –algo pasado de moda en el primer mundo– es crucial para promover la responsabilidad y la empatía. Además, al experimentar lo que hacen sus mamás y papás por ellos se incentiva otra virtud –hoy también poco de moda–, que es el agradecimiento. No solo eso. «La colaboración rutinaria de los niños en las tareas domésticas, la atención a los hermanos y a uno mismo –añaden las antropólogas–, es un camino crucial para lo que Aristóteles llamó *phronesis* (la sabiduría práctica) y lo que Kant llamó "juicio"».

¿Quién dijo que ayudar en casa es una nimiedad?

En Los Ángeles, Ochs lideró el estudio a una treintena de familias de clase media, analizando sus rutinas domésticas. Por su parte, Izquierdo se concentró en el modo de vida de una tribu del Amazonas peruano, los matsigenka.

Durante su estancia con los matsigenka, Izquierdo se quedó muy impresionada del rol que los niños tienen en esta tribu. «Fue un impacto ver cómo todos participaban en los deberes del día a día, sin necesitar de constantes instrucciones. Ya desde muy chicos la educación de las familias en este

---

56. Ochs, Elinor e Izquierdo, Carolina (2009). «Responsibility in childhood: Three developmental trajectories», *Ethos*, marzo.

aspecto es muy fuerte y se mantiene al pasar los años», me explicó.[57] Los niños matsigenka van a la escuela pero colaboran desde muy pequeños en casa, llevando a cabo trabajos como cortar ramas con machetes, que espantarían a cualquier padre occidental. «Aunque los niños acuden al colegio del pueblo durante parte del año, llevan a cabo una plétora de trabajos antes y después de las horas lectivas», reza el estudio, el cual añade que, en general, los niños matsigenka «no tardan más de una hora en completar los deberes, y los padres no se involucran en eso».

A Izquierdo le impactó especialmente Yanira, una niña que se unió a una expedición para recoger hojas de palmera. «Durante los cinco días que duró la empresa, Yanira encontró rápidamente el modo de ser útil», escribe la antropóloga. Sin esperar directrices de nadie, la niña barría el campamento cada mañana y cada noche, ayudaba a hacer los hatillos de hojas y se encargaba de ir al río, donde pescaba unos cangrejos «que limpiaba y cocinaba para el grupo». Por la noche, su ropa le servía de manta y su vestido, de cojín. «Tranquila y segura, Yanira no pedía nada. Tenía seis años», revela la antropóloga.

La actitud de esta niña, que pesca y cocina cangrejos a una edad en la que aquí algunos todavía no saben atarse los zapatos, ejemplifica lo que para esta sociedad constituye el buen comportamiento en los pequeños: trabajar duro, com-

57. Millet, Eva (2013). «Niños que ayudan en casa», *La Vanguardia, ES*, 11 de enero.

partir las cosas y mantener relaciones armoniosas. De hecho, uno de los grandes miedos de los padres matsigenka durante el embarazo es que nazca un hijo vago. «Aunque –continúa Izquierdo– creen que esto es evitable si los niños siguen unas normas y llevan a cabo ciertas tareas diarias». En su opinión, este interés por responsabilizar al niño revierte beneficiosamente en la comunidad. Algo muy similar encontró en la cultura samoana.[58] Por ello, la antropóloga recuerda el *shock* que tuvo al trabajar en el estudio de las familias acomodadas de Los Ángeles: «Por lo poco productivo que resultaba el reparto de las tareas domésticas».

Mayordomos de los hijos

Y es que el estudio antropológico de Los Ángeles describe situaciones en las que madres estresadas despiertan a sus hi-

58. Extracto de «Developmental Story 2: Samoan (Upolu, Samoa)»: «Llueve mientras la familia prepara un nuevo techo de hojas de *pandanus* para una casa en el complejo familiar. Unos niños pequeños traen las hojas de una plantación cercana mientras otros algo más mayores queman las hojas viejas y otros preparan comida para los ancianos, todo ello bajo la mirada vigilante del cabeza de familia. Un grupo de niñas cuidan de los bebés y rompen las hojas de *pandanus* en dos mientras las madres y las abuelas se dedican a coserlas para confeccionar el techo. Cerca, unos niños pequeños las observan. Cuando uno llora, una de las niñas corre para protegerlo de la lluvia y, rápidamente, lo lleva hasta su madre para que le dé de mamar. Espera hasta que el bebé es alimentado y entonces se le dice que se lleve a su *soukei* ("querido hermano") con ella. En todo el patio reverberan órdenes a los niños del tipo: "¡Date prisa!", "¡Siéntate!" y "¡Cubre al bebé!"».

jos de once, doce y quince años preguntándoles (mientras los apremian para ir a la escuela) qué bocadillos quieren que les preparen para su almuerzo. Las madres de Los Ángeles son las principales responsables de la cocina, donde ponen la mesa, sirven el desayuno a sus niños y les recuerdan que se laven los dientes, se peinen, se pongan los zapatos y no olviden la fiambrera. También les indican dónde han de colocar las mochilas en el coche y qué extraescolares tocan ese día. En algún momento, intentan que su hijo o hija les ayude a sacar la basura o les asista en alguna tarea, pero normalmente acaban haciéndolas ellas. «Los padres, especialmente las madres, llevan a cabo el trabajo del hogar con mínima o muy poca ayuda por parte de sus hijos», describen los autores, que también destacan que a la mayoría les cuesta más esfuerzo lograr que les ayuden que hacer ellas mismas lo demandado. También se observó que los progenitores «No iniciaban de forma sistemática a sus hijos en las tareas domésticas ni tampoco las delegaban en ellos de forma rutinaria».

En otro intercambio recogido (el de Ben, de ocho años, que como respuesta al «Hijo, coge tu chaqueta que nos vamos», blande una bamba frente a su padre y le exige que le desate los cordones), los antropólogos observan la transformación de la figura de autoridad paterna en la de «un mayordomo para el niño». El mismo calificativo puede utilizarse en otra escena familiar registrada en la que una niña de ocho años, al sentarse en la mesa y ver que han olvidado ponerle el tenedor, pregunta a sus padres, levemente indignada: «¿Cómo se supone que voy a comer?». Pese a que la hija sabe a la perfección dónde se guardan los cubiertos, el padre se levanta y le da el cubierto.

«De entre las treinta familias observadas, ningún niño asumió responsabilidades en la casa sin que tuvieran que pedírselo», reza el estudio, que detalla un panorama general de reiteradas peticiones de colaboración por parte de los padres, acompañadas tanto de «por favores» como de «recompensas o amenazas veladas». Las peticiones también se formulaban como sugerencias tipo: «¿Sabes qué podrías hacer? Podrías lavarte el pelo mientras te bañas. ¿Lo quieres hacer?...». Por otro lado, se detectó una enorme implicación de los padres en las tareas escolares de sus hijos, que controlaban de forma exhaustiva.

Educar a ayudar en casa

El tipo de crianza de Los Ángeles, descrita por las antropólogas como «altamente centrada en los niños y complaciente, desde la infancia hasta la adolescencia», contrasta con la de los matsigenka, cuyos menores son perfectamente capaces de buscarse la vida, solos, en medio de la selva. Y no es que procedan de otro planeta. Simplemente, se los ha educado para ayudar en la familia y adquirir autonomía, lo que es posible tanto en la selva amazónica como en los bulevares de Los Ángeles o en las calles de Barcelona.

Los expertos detectan que en las crianzas híper existe también una contradicción importante: por un lado, se espera mucho de los hijos y se invierte para que adquieran más y más competencias a edades tempranas. Sin embargo, no se les dan responsabilidades en aspectos básicos de la vida cotidiana. Así, se les pone a aprender chino o a esquiar a los cuatro años, pero no se les enseña a atarse los cordones o a poner la mesa. Se espera que los hijos ingresen en Harvard, pero no que sepan cocinar o que recojan su ropa.[59] «Esta contradicción en los valores y prácticas para promover la independencia resulta en un dilema importante para los niños», apunta Carolina Izquierdo.

María Vinuesa, miembro del equipo ejecutivo de la Asociación de Maestros Rosa Sensat, de Barcelona, considera importantísimo que los niños tengan un rol de ayuda en la familia: «Pero esto se ha desdibujado por ideas falsas, como que hemos de preservar a los niños de tareas más domésticas, de todo lo que sea incómodo, lo que es un error».

Psicólogas como Maribel Martínez también opinan que la dinámica de que los hijos ayuden en casa se ha perdido de forma muy generalizada. «El porqué lo explican muy bien los padres, quienes te argumentan que, con lo cansados que van sus hijos entre la escuela, las extraescolares y los deberes... ¿cómo van a pedirles que pongan la mesa? Y nos equi-

---

59. Y no es cuestión de dinero ni de que papá sea muy importante: según un artículo de *The New York Times* («First Chores? You Bet») del 21 de febrero de 2009, Malia y Sasha, las hijas del presidente Obama, entonces de diez y siete años, «se despertaban ellas solas por la mañana, se hacían la cama y recogían los cuartos» como era norma en su casa antes de irse a vivir a la Casa Blanca.

vocamos –asegura–, porque, al contrario, si les ponemos otra tarea, crecerán con la idea de que son capaces de hacer muchas cosas».

Para María Vinuesa, no es cuestión de «explotar» a los niños, sino simplemente «de que se responsabilicen de lo que es suyo». Y en este aprendizaje de la responsabilidad, que ayuden en casa es clave: «¡Imprescindible, básico!», coinciden ambas. Porque no podemos hacer que crezcan con la sensación de que no han de colaborar. Esto es crecer sin ninguna presión, y la vida está llena de presiones.

En tiempos en los que se habla de potenciar la cultura del esfuerzo, María Vinuesa añade que el esfuerzo no es solo «saber leer y escribir y sumar, sino también ser responsable de levantarme por la mañana y estar preparado, sin esperar a que mi madre me esté llamando cada cinco minutos, de organizarme mis tareas escolares sin ayuda y ayudar en casa». Para esta pedagoga, estas tareas son básicas para que niños y niñas aprendan a ir por la vida, algo que ella define como: «Formar parte de un colectivo que me va a pedir responsabilidades».

Nunca es tarde

A colaborar en casa se puede empezar, además, desde muy pequeños. Es otro contrasentido que en las guarderías, con un año o dos, ya se consiga que los niños se quiten los zapatos, guarden sus cosas en la mochila, etcétera, y al llegar a casa se les haga todo. «La escuela es un facilitador de un tipo de organización que no debería quedar truncada en casa», recuerda Vinuesa. Para la pedagoga, este es un error habitual, como también empezar a pedirle al hijo, cuando llega a la adolescencia, una serie de cosas que nunca se le han pedido antes, como organizarse sus deberes y recogerse su ropa.

Además, a los niños pequeños les encanta ayudar. Hay una etapa en la que la palabra «ayuda» es como mágica para ellos y se ha de aprovechar para potenciar estas dinámicas, para que luego sean un automatismo. Colaborar forma parte de su desarrollo, aumenta la autoestima, les hace sentirse más mayores, útiles y también nos quita a los padres esa sensación de ser «mayordomos» de nuestros hijos.

Y si no se ha hecho antes, hay que saber que nunca es tarde para empezar. Maribel Martínez aconseja, primero, hacer un listado («por escrito») de las tareas específicas de cada día. Es conveniente dar las indicaciones en positivo («Dejar la ropa sucia en el cesto» en vez de «No tiréis la ropa sucia al suelo») y revisar la lista en vacaciones, para adecuar horarios y tareas. Las tareas varían en función de las edades. Martínez cree que a los dos años los niños ya nos pueden ayudar en cosas, como poner la mesa o tender la ropa. Entiende que la realidad es un condicionante (tender con un ayudante de dos años puede hacer el proceso bastante largo), pero quizás, añade: «Ese sea momento de estar con los hijos, tomarlo como un juego, no como una pérdida de tiempo y, de paso, acostumbrarlos a colaborar». María Vinuesa insiste en que la organización familiar se ha de hacer en sintonía con la escuela y subraya lo importante que es incentivarlos a organizarse ellos mismos con los deberes, tanto familiares como escolares, desde muy pequeños. Esto, sin embargo, no se consigue fácilmente. Los morros, las protestas, son habituales y es verdad que jugar o ver la tele es más divertido que poner la mesa pero... ¡es lo que hay! «¡La vida es dura!», recuerda Martínez. Además de los «morros», otro obstáculo habitual es la pérdida de energía paterna. Se emplea tanta insistiendo a los hijos en que hagan una tarea que, al final, se opta por hacerla uno mismo. Un «error fatal», coinciden de nuevo las dos expertas, que se evita con firmeza, tiempo y paciencia; los niños tienen ritmos diferentes y hay que adaptarse a ellos. Tampoco hay que pretender que hagan las cosas perfectas. No pondrán una mesa impecable y quizás se rompa un plato en el camino, pero lo importante es darles responsabilidades, que empiecen a adquirir ese recurso básico que es la autonomía.

Conclusiones

• Los hijos, ya desde muy pequeños, son capaces de muchas cosas. Hay que confiar en ellos. Sin embargo, en el llamado «mundo civilizado», esta confianza no existe: la hiperpaternidad, el hacerlo todo por los niños, se está llevando por delante algo tan importante como es su autonomía.

• En una extraña ironía, los hiperpadres esperan grandes cosas de la prole, sobre la cual se han invertido importantes cantidades de tiempo, dinero y esfuerzo. Sin embargo, no se les dan responsabilidades en aspectos básicos de la vida cotidiana. Así, a los cuatros años se les pone a aprender chino o a esquiar, pero no se les enseña a atarse los cordones o a poner la mesa.

• La tendencia es considerar mucho más importante que se concentren en sus estudios y en sus actividades extraescolares que en tareas supuestamente más «banales», como hacerse la cama o recogerse la ropa. Sin embargo, los expertos insisten en que contribuir en las tareas del hogar es importantísimo para el desarrollo y la autonomía de los niños.

• No solo eso: la colaboración de los hijos en el hogar es crucial para promover la responsabilidad y la empatía. Además, al experimentar lo que hacen sus mamás y papás por ellos se incentiva otra virtud, que es el agradecimiento.

• Una de las excusas de los padres para evitar que tengan que colaborar en casa es decir que los niños van «muy cansados». Una equivocación, porque si al acabar los deberes les pedimos que pongan la mesa (tarea que no requiere un esfuerzo sobrehumano) y la ponen, crecerán con la idea de que son capaces de hacer muchas cosas.

• A colaborar en casa se puede empezar desde muy pequeños. Es un error habitual empezar a pedirle al hijo que ayude o se organice sus cosas solo cuando llega a la adolescencia.

• Otro obstáculo habitual es el cansancio paterno y materno. Insistirles a los hijos que hagan lo que se les pide puede resultar tan agotador que, al final, uno acaba haciéndolo por ellos. Craso error que se evita con altas dosis de firmeza y paciencia.

* Colaborar en las tareas forma parte de su desarrollo, aumenta la autoestima, les hace sentirse más mayores, útiles y también nos quita a los padres esa sensación de ser «mayordomos» de nuestros hijos. ¿Empezamos?

11.
Contra los miedos, ¡a todas!

El miedo es una emoción básica y, como tal, nos viene dado de serie. En ocasiones, es necesario para nuestra supervivencia pero, en otras, complica sobremanera nuestra existencia. El miedo ha existido siempre y su abanico de variedades es inacabable. Hay miedos de todo tipo. Ya he mencionado a esa niña de diez años que aún tiene miedo a tirar de la cadena del váter. Aunque no les he hablado de los aullidos con los que una mañana me despertaron mis dos hijos porque vieron en el pasillo de casa a una pobre araña, a la que, seguramente, se le paró el corazón ante tales gritos. Ni tampoco del miedo del hijo de una amiga mía «a las radiografías», que, como consecuencia, no puede llevarlo a que le pongan unos muy necesarios *brackets*.

Hay miedos clásicos: a la oscuridad, a las serpientes... Miedos contemporáneos: a volar, a perder el móvil (se ve que es uno habitual ahora). Miedos indefinidos, como el miedo «a lo que pueda pasar» o «a lo desconocido» (que está directamente relacionado con la angustia), y miedos aparentemente tan absurdos como el ya mencionado a tirar de la cadena del lavabo.[60] Pero su esencia es la misma. El miedo nos paraliza. Nos impide desarrollarnos como personas. Nos impide estar bien.

El filósofo José Antonio Marina, un experto en miedos, asegura que el miedo es una enfermedad, como el dolor de estómago o la gripe y, por lo tanto: «Hay que tratarlo con el mismo desprecio y distanciamiento que a estas». En su ensayo *Los miedos y el aprendizaje de la valentía*,[61] este prestigioso educador considera fundamental evitar que los niños aprendan los miedos, que entorpecen su desarrollo.

Sin embargo, como los miedos son contagiosos (a veces los transmitimos a los hijos sin casi darnos cuenta) hay que enseñarles a dominarlos antes de que sea demasiado tarde.

¿Cómo?

Existen varios métodos. Ninguno es infalible pero todos, a su manera, funcionan. La base es la misma: al miedo hay que afrontarlo. Siempre. No hay atajos.

En su libro *Entrénalo para la vida*[62] Cristina Gutiérrez Lestón, que ha conocido muchos miedos a lo largo de sus

---

60. Y sí, reconozco que me tiene tan obsesionada que, antes de acabar el libro, he telefoneado a la madre de la niña para verificar que sigue sin tirar de la cadena, por miedo. Efectivamente, no la tira. Las razones: primero pensaba que había un monstruo. Ahora parece que tiene miedo al ruido que hace.
61. Marina, José Antonio (2014). *Los miedos y el aprendizaje de la valentía*, Barcelona, Ariel.
62. Gutiérrez Lestón, Cristina (2015). *Entrénalo para la vida*, Barcelona, Plataforma.

treinta años de carrera como educadora, recomienda, ante todo, identificarlo. Del miedo, a veces, no se habla y se convierte en una sensación confusa, que todavía nos desazona más. Por ello, en su granja-escuela Cristina y su equipo entrenan, literalmente, a los niños para que sepan a qué temen y, posteriormente, se enfrenten a ello. Esta es la metodología: «Es que me dan miedo los caballos», le dice la niña a la monitora. Esta, ante el comentario, le pregunta qué es lo que, en concreto, le da miedo de los caballos. La niña responde que le da miedo «la boca», lo que da pie a que la monitora le señale que «entonces, no te dan miedo los caballos, sino la boca de los caballos». Concretar el miedo, explica Cristina, es un paso para vencerlo: «Porque cuanto más lo concretas, más pequeño lo haces y, cuanto más pequeño es, ¡más fácil es de superar!».

A continuación, la acompaña hasta el animal para que le toque el lomo, desde donde no se ve la boca. La niña está encantada porque «acaba de enfrentarse a un miedo y se siente más segura y tranquila», escribe Gutiérrez. Al final de su estancia en La Granja acabará subida al caballo, feliz de la vida, porque subirse a un caballo es una sensación que no debería perderse ningún niño.

La pedagoga también hace hincapié en que no hay que tratar de esconder la realidad a los niños, porque cada vez son más los padres que, en vez de ayudarles a enfrentarse a esos miedos, procuran escondérselos. Cristina lo ilustra con un ejemplo: «Nos llama una madre. Su hijo de once años vendrá de colonias y nos pregunta si tenemos actividades donde no haya animales». Con mucha paciencia, ellos le preguntan por qué no quiere que el chaval participe en actividades con animales y la madre responde que a su hijo «le dan mucho miedo los animales».

La lógica se pierde aquí por partida doble: una granja-escuela implica actividades con animales, así que, si decides enviar a tu hijo con miedo a los animales a una, quizás es el momento para que venza ese miedo, no para llamar a la granja-escuela y pedir que no lo incluyan en actividades con animales. «No les ocultemos las dificultades a los hijos porque cada día estas serán mayores», observa Gutiérrez.

A lo toro miura

Cuando Cristina habla de esto pienso en una tía mía, L., que es una de las personas más valientes que he conocido en mi vida. Mi tía es comparable a un toro miura: se ha enfrentado a un montón cosas a lo largo de su trayectoria, le gustaran o no. Y en gran parte debido a su valentía ha salido airosa de muchos de los trances por los que ha pasado.

Siempre me ha comentado que ella, como madre, tuvo un propósito: que sus hijos no tuvieran miedo. En su opinión, el miedo te fastidia la vida, así que siempre tuvo claro que sus cuatro hijos no iban a ser unos miedosos. Entre otras cosas, les enseñó a dormir con la puerta principal de la casa abierta, cosa que ella también hace sin ningún problema. En su casa tampoco había luces encendidas en los pasillos fuera de las habitaciones. L. enseñó a vencer el miedo a la oscuridad a sus hijos como hizo su padre con ella: «En mi casa, de niña, había un pasillo muy largo que me daba pavor. Mi padre se colocaba al final y me animaba a empezar a recorrerlo». Ella lo hacía una y otra vez, con la luz encendida, y él la esperaba al final. Cuando lo había atravesado ya unas cuantas veces, el siguiente reto era hacerlo con la luz apagada. Gracias a ejercicios como este y a la paciencia de su padre, L. consiguió vencer el miedo a aquel pasillo oscuro y a la vida en general. Quizás por eso ella también ha sido capaz de transmitirles la valentía a sus hijos. Como cuando ella y su hija de cinco años se quedaron sin gasolina en la autopista. La niña, ante aquel imprevisto, se puso a llorar y a llorar hasta que su madre, muy tranquila, le preguntó por qué lloraba. «¿Por qué lloras? ¿De qué tienes miedo? Ahora iremos a buscar gasolina y todo va a salir bien», le dijo. Dicho y hecho, madre e hija salieron del coche, empezaron a caminar por el arcén y (¡milagro!) encontraron una gasolinera a un par de kilómetros. Rellenaron el bidón y volvieron al coche. La hija aún se acuerda de ese día. Como el resto de sus hermanos, no es una persona miedosa. «Mis hijos serán lo que quieras, pero miedosos, no», concluye L.

Más trucos contra el miedo

Tradicionalmente, para vencer el miedo, existían lo que se conoce como «tratamientos de choque». Podían consistir en tirar al agua al niño que tiene miedo de ella o encerrar en un cuarto oscuro al que teme a la oscuridad. Hoy en día nadie con un mínimo de sentido común recomendaría estos sistemas victorianos de superación. Más que nada porque son contraproducentes (es bastante probable que el niño odie el agua de por vida o tema siempre a la oscuridad).

Sin embargo, tampoco es cuestión de pasarse al otro extremo y esconder los miedos, como señalaba Cristina Gutiérrez. José Antonio Marina también recomendaba que lo que hay que hacer con los niños que sufren miedos es comprenderlos y ayudarles a que se habitúen a ellos. Por ejemplo, en el caso de un niño con temor a los gatos, se puede empezar a «insensibilizarlos progresivamente» acariciando el animal frente al hijo, animándolo a acariciarlo también pero sin obligarle a cogerlo... En definitiva: un proceso de acercamiento que va poco a poco desactivando lo que él considera un peligro. Como hizo la monitora de la granja-escuela con la niña y el caballo.

Marina también aconseja premiar cualquier acto de valor de nuestros hijos: «Si de repente ha ido a una habitación a oscuras, hay que jaleárselo, porque cuando un niño se da cuenta de que ha sido capaz de enfrentarse al miedo, empieza a ser valiente». Así, poco a poco, se aprende la valentía.

Sin olvidar explicarles qué es realmente lo que temen. La información es también fundamental para superar los miedos. A menudo, el miedo se debe a un desconocimiento: a cómo es un caballo, a por qué la cadena del lavabo hace tanto ruido. Un buen ejemplo sería el miedo a las tormentas: un clásico que atemoriza también a tantos adultos. Es un tipo de miedo que precisa asimismo de un acercamiento paulatino, pero, además, de información: explicarles a los niños que las tormentas no son peligrosas y por qué. La información es poder y, por ello, los padres debemos explicar a los hijos cómo funciona el mundo y no maquillárselo o, sencillamente, ocultárselo.

Maribel Martínez, que además de experta en educación es una experta en miedos,[63] tiene un método para lidiar con ellos más bien poco ortodoxo, pero que funciona bastante bien. En una charla que organizó sobre miedos infantiles, nos recomendó a mí y a otras madres (y digo madres porque a la charla solamente acudimos madres) el siguiente ejercicio: si el hijo o la hija tienen pesadillas nocturnas, miedo a los exámenes, a los monstruos, a tirar la cadena del lavabo, etcétera, hay que montar, una vez al día, durante diez minutos, el guion de una película de terror donde esos miedos son protagonistas.

Es decir: si mi hija se despierta, aterrada, noche sí y noche no (lo que solo parece solucionar metiéndose en la cama de sus padres, otro clásico), al día siguiente, en un ratito que tengamos libre, la ayudo a montarse el guion de una película de terror donde son protagonistas ella y sus miedos. El «guion» verbal se establece con preguntas tipo: ¿Quiénes son los malos? ¿Por dónde entran? ¿Qué cara tienen? ¿Qué

---

63. Martínez es autora, junto a Miguel Herrador, de *Niños sin miedos*, Barcelona, Tibidabo, 2015.

llevan? ¿Qué quieren hacer?... A trompicones primero, con fluidez después y algún llanto, aparecen las respuestas. Mi hija tiene perfectamente construido ese guion terrorífico en su cabeza. Pero, a medida que transcurre la historia, ella tiene que ir dando las soluciones para enfrentarse a sus miedos. Y el padre o la madre que estén con ella (y aquí está quizás la parte más dura del tema) tienen que ir haciéndole cada vez más difícil la historia. Es decir, no le pongan un final feliz y punto. Póngale más obstáculos. «Lo peor que les pueda pasar», dice Maribel, sin pestañear. Y que el niño o niña busquen soluciones, los resuelvan.

La gracia del ejercicio es que, por una parte, se enfrentan a sus miedos verbalizándolos. Por otra, buscan soluciones a las peores situaciones imaginables y, por último, ven que esas «peores situaciones imaginables» no son más que una película (porque este ejercicio no puede durar más de diez minutos: pasado este tiempo, aparece el FIN en nuestra pantalla mental y a otra cosa, mariposa). De este modo, los niños también ven que esos miedos que no les dejan dormir o presentarse a su examen están en su imaginación. No son reales.

Insisto: con los miedos y los niños lo importante como padres es ayudarles a enfrentarse a ellos, no evitárselos. Porque, además, cuanto más grande es el miedo, cuanto más tiempo se queda ahí, enquistado y maquillado por los padres, más difícil es de superar. El miedo hay que enfrentarlo, como si fuéramos un miura, y tratar de atajarlo, pero jamás evitarlo. Sencillamente, porque es imposible. Además, superar un miedo es una maravillosa ducha de autoestima para los niños.[64]

Los miedos de los padres

Este es un libro sobre las consecuencias que tiene en los niños una crianza basada en la hiperestimulación y la sobreprotección. Entre ellas destacan una hornada de niños y niñas más miedosos que nunca, con baja tolerancia a la frustración y poca capacidad de soportar y superar las dificultades.

En cierto modo, mientras redacto estas últimas líneas, no puedo dejar de pensar que gran parte de esta mezcla explosiva se debe al miedo de los propios padres.

Miedo a equivocarnos. A decirles «no». A traumatizarlos. A no darles todo lo que consideramos que se merecen. A no conseguir que sean felices. A que sufran. Incluso a no conseguir esos hijos perfectos que parece que hoy todos hemos de tener.

Mi consejo (y este es el único consejo no avalado por expertos de este libro) es que se relajen, que pierdan el mie-

---

64. Además, todo es superable y por eso cierro este apartado con una noticia de última hora: la niña que tenía miedo a tirar la cadena del lavabo ya lo hace ella sola. El logro ha formado parte de un tratamiento, dirigido por la psicóloga Maribel Martínez, de enfrentamiento a este y a otros miedos. Al parecer, costó poquísimo convencerla de que aquel gesto rutinario no entrañaba ningún peligro. «Lo hizo de un día para otro», me comenta la madre. El único problema ahora, añade, es que como no había tirado la cadena en sus diez años de vida, ahora se olvida con frecuencia de hacerlo.

do. Que sean afectuosos con sus hijos. Estén con ellos para cuando les necesiten, pero no *encima* de ellos o *detrás* de ellos todo el día. Que confíen en sus habilidades. Que no se pongan nerviosos por ese hijo del vecino que está aprendiendo chino y, según sus padres, es una criatura rayana a la perfección. Que se olviden de los métodos maravillosos que harán de ellos niños perfectos. Que se diviertan con ellos cuando puedan. Que los dejen jugar y, también, que permitan que se aburran. Que les riñan cuando sea necesario, les digan «NO» como mínimo una vez al día y que colaborar en casa sea una norma. Y, también, díganles que les quieren, y mucho, pero que ello no equivale a que tienen una serie de derechos adquiridos. Ni sobre ustedes ni sobre el resto del mundo.

¡Relájense! Practiquen el *underparenting*. Porque, al fin y al cabo, como dice «Esos locos bajitos», mi canción favorita de Serrat:

> Nada ni nadie puede impedir que sufran,
> que las agujas avancen en el reloj,
> que decidan por ellos, que se equivoquen,
> que crezcan y que, un día, nos digan adiós.

Conclusiones

- Una de las ironías de la hiperpaternidad es que al proteger tanto a los hijos, al estar tanto encima de ellos y actuar como sus constantes guardianes, estamos creando una de las generaciones de niños y niñas más miedosos de la historia.

- Los miedos fastidian la vida. Son, además, altamente contagiosos: a veces se los transmitimos a nuestros hijos sin darnos cuenta. Por ello, si nosotros nos mantenemos firmes y tranquilos en situaciones en que este pueda generarse, nuestros hijos aprenderán a hacer lo mismo.

- Para vencer el miedo ya no se utilizan tratamientos de choque (como tirar al agua al niño que la teme), pero tampoco conviene ocultarlo ni maquillarlo: la única forma de superarlo es encararlo. Aquí, más que nunca, tenemos que confiar en la capacidad de nuestros hijos de superarlo.

- Una vez tomada la decisión, el segundo paso es identificarlo, concretarlo: ¿Qué te da miedo en concreto de los perros? Si es una parte específica (la boca, por ejemplo), el miedo al perro ya no es tan grande: al acotarlo, ha disminuido.

- Al miedo hay que cogerlo por el cogote y enfrentarlo, para llegar a tocar al perro al que tenemos fobia o recorrer ese pasillo oscuro. Una vez realizada «la hazaña», los padres hemos de aplaudirla. Es importantísimo jalear la valentía.

- Hay miedos abstractos, a menudo representados en las famosas pesadillas: conviene ayudar a verbalizarlos. En este capítulo hemos dado algunas pistas para ello, como inventar películas en las que el niño o la niña se enfrentan a sus temores.

- La información es también fundamental para superar los miedos: en miedos concretos (tormentas, ruidos, arañas…) conviene explicar que las tormentas son un fenómeno natural del que uno puede resguardarse, que ese ruido lo provoca tal cosa y que esa araña no es venenosa… El conocimiento tranquilizará a los niños.
- Y, por último, madres y padres: pierdan ustedes también el miedo. A equivocarse. A decirles «no». A que se traumaticen por no atender sus deseos de inmediato. Incluso, a no tener esos hijos rayanos en la perfección que la sociedad demanda. En definitiva: relájense y disfruten de ser padres y madres. Nadie ha dicho que es una ciencia exacta.

Agradecimientos

A Jordi Nadal, editor de Plataforma, por cogerme el teléfono (no todo el mundo lo hace) y escuchar mi propuesta. Y a María Alasia, por ayudarme a tirarla adelante. A mis otros editores: Fèlix Badia, Albert Gimeno, Alex Rodríguez, Josep Carles Rius, Ana McPherson y J. J. Caballero, de *La Vanguardia*, que en diferentes etapas me han posibilitado publicar sobre temas de educación en los suplementos *Magazine* y el añorado *ES*. A mis fabulosas «fuentes», consultadas tanto para este libro como para los artículos que han servido para elaborarlo: Maribel Martínez, Cristina Gutiérrez Lestón, Gregorio Luri, Carl Honoré, María de la Válgoma, José Antonio Marina, Xavier Melgarejo, la desaparecida Josefina Aldecoa, Jo Frost y María Vinuesa. Sin olvidar a Santi Ruiz y sus colegas (maestros y directores de escuela), que me dieron sus puntos de vista en dos estupendas comidas. A Carmen y Jordi Sabaté, de BDU y a las maestras Emily Harper y Eva Llopis. A Loty Millet. A Marta Fernández y a Miguel Galeón, por la foto. Y, por supuesto, a Álex, Tomás y Olivia y a mis padres, Pedro y Mariní.

Su opinión es importante.
En futuras ediciones, estaremos encantados
de recoger sus comentarios sobre este libro.

Por favor, háganoslos llegar a través de nuestra web:

www.plataformaeditorial.com

Plataforma Editorial planta un árbol
por cada título publicado.